Archimandrit Sofronij

SEIN LEBEN IST MEIN

Archimandrit Sofronij

SEIN LEBEN IST MEIN

Archimandrit Sofronij

Sein Leben ist mein

Aus dem Englischen und Französischen ins Deutsche
übertragen von Klaus Kenneth,
nachbearbeitet von Magdalena Mayer-Dettum

Titel der englischen Ausgabe:
His Life is Mine, © A.R. Mowbray & Co. Ltd. 1977
Titel der französischen Ausgabe:
Sa Vie est la Mienne, © Les Editions du Cerf 1981

© 2004 der deutschen Übersetzung:
Stavropegic Monastery of St. John the Baptist, Tolleshunt Knights,
by Maldon, Essex, CM9 8EZ, G.B.

Zweite, korrigierte Auflage

Alle Rechte der deutschen Ausgabe vorbehalten
© 2010 Verlag Fluhegg, CH-4057 Basel

ISBN 978-3-909103-21-8

Druck: Orthdruk, Białystok, Polen
Bestelladresse: Verlag Fluhegg, Bläsiring 128, CH-4057 Basel

INHALTSVERZEICHNIS

EINFÜHRUNG *von Rosemary Edmonds* 7

ERSTER TEIL

1. GOTTESERKENNTNIS 15
2. DAS RÄTSEL DES «ICH BIN» 22
3. DAS RISIKO DER SCHÖPFUNG 29
4. DIE TRAGÖDIE DES MENSCHEN 34
5. KONTEMPLATION 38
6. DAS GEBET DES GEISTES 43
7. DIE SELIGKEIT DEN WEG ZU KENNEN 53
8. DER KAMPF UM DAS GEBET 59
9. VON UMKEHR UND GEISTLICHEM KAMPF 65
10. DURCH FINSTERNIS ZUM LICHT 71
11. EWIGKEITSERFAHRUNG DURCH DAS GEBET 75
12. DAS LITURGISCHE GEBET 80
13. DAS GEBET VON GETHSEMANE 84

ZWEITER TEIL

1. DAS JESUSGEBET 91
2. DIE PRAXIS DES JESUSGEBETS 110
3. DER UNIVERSALE CHARAKTER DES JESUSGEBETS ... 118

BIOGRAPHISCHE NOTIZ 144
BIBLIOGRAPHIE 145
STICHWORTVERZEICHNIS 146

EINFÜHRUNG

Archimandrit Sofronij wurde 1896 im zaristischen Russland von orthodoxen Eltern geboren. Von Kindheit an zeigte er eine seltene Eignung zum Gebet, und bereits als junger Knabe beschäftigte er sich mit Fragen, über welche die Theologen schon seit Jahrhunderten debattiert hatten. Das Gefühl, in dieser Welt im Exil zu sein, zeugte von einer Unendlichkeit, die unsere Endlichkeit zeitlos umfängt. Das Gebet bringt die Vorstellung von einer Ewigkeit mit Gott mit sich. Im Gebet ist die Wirklichkeit des lebendigen Gottes mit der konkreten Realität des Lebens auf der Erde verknüpft. Wenn wir wissen, was ein Mensch verehrt, wissen wir das Allerwichtigste über ihn – nämlich was seinen Charakter und sein Verhalten bestimmt. Der Autor von ‚Sein Leben ist mein' war von früher Jugend an von dem Verlangen beherrscht, auf dem Weg über die Kontemplation der sichtbaren Welt ins Herz der göttlichen Ewigkeit einzudringen. Wie eine Flamme im Herzen erhellte dieser Drang die Tage seines Studiums an der Nationalen Kunsthochschule in Moskau. Parallel dazu veränderte zu dieser Zeit ein spekulatives Interesse am Buddhismus und dem gesamten Bereich der indischen Kultur das Spektrum seines Innenlebens. Die aus dem Osten kommende Mystik schien ihm jetzt tiefgehender als das Christentum, die Vorstellung eines über-persönlichen Absoluten überzeugender als die eines persönlichen Gottes. Bei den Mystikern des Ostens verlieh der Begriff des Seins der Transzendenz eine unvergleichliche Größe. Beim Ausbruch des Ersten Weltkriegs und der folgenden Russischen Revolution, begann er, die Existenz selbst als causa causens für alles Leid anzusehen und bemühte sich somit mittels der Meditation, sich aller sichtbaren und gedanklichen Bilder zu entledigen.

Sein Atelier lag im obersten Stock eines hohen Gebäudes in einem ruhigen Viertel von Moskau. Dort arbeitete er stundenlang und pausenlos unter größter Anspannung, um sein Objekt leidenschaftslos wiederzugeben und dessen zeitliche Bedeutung auszudrücken, es aber gleichzeitig auch als Sprungbrett zur Erforschung des Unendlichen zu benutzen. Sich widersprechende Argumente quälten ihn: wenn das Leben aus dem Ewigen hervorging, warum musste sein Körper dann atmen, essen, schlafen usw.? Warum reagierte er auf jede Veränderung in der physischen Atmosphäre? Im Versuch, aus dem engen Rahmen der Existenz auszubrechen, fing er an, Yoga zu praktizieren und befleißigte sich der Meditation. Dennoch verlor er nie sein lebhaftes Bewusstsein von der Schönheit der Natur.

Das Alltagsleben verlief jetzt sozusagen auf der Oberfläche der äußeren Ereignisse. Das einzig Wichtige war, den Sinn und Zweck unseres Daseins auf der Erde zu entdecken, in den Zustand zurückzukehren, der der Schöpfung vorausging und mit unserer ursprünglichen Quelle zu verschmelzen. Gesellschaftliche oder politische Angelegenheiten bewegten ihn nicht weiter. Er war ganz absorbiert von dem Gedanken, dass das Leben keinen Sinn habe, wenn der Mensch stirbt, ohne die Möglichkeit zu haben, zur Sphäre des Absoluten Seins zurückzukehren. Hin und wieder brachte ihm die Meditation eine Art Ruhe, verbunden mit der Illusion, die Küste der unendlichen Stille zu berühren, aus der er hervorgegangen war.

Die Unruhen der nach-revolutionären Zeit machten es für Künstler zunehmend schwierig, in Russland zu arbeiten. So begann der Autor 1921 nach Mitteln und Wegen zu suchen, um nach Europa auszuwandern – genauer gesagt nach Frankreich als dem weltweiten Zentrum der Malerei. Auf dem Weg dorthin gelang es ihm, durch Italien zu reisen, wo er mit aller Aufmerksamkeit die großen Meisterwerke der Renaissance betrachtete. Nach kurzem Aufenthalt in Berlin erreichte er schließlich Paris, wo er sich mit Leib und Seele der Malerei widmete. Seine Karriere begann hoffnungsvoll: der ‚Salon d'Automne' nahm seine ersten Werke an und der ‚Salon des Tuileries', die Elite des ‚Salon d'Automne', lud ihn zu einer Ausstellung ein. Aber auf einer anderen Ebene ging nicht alles so, wie er gehofft hatte. Die Kunst verlor zusehends ihre Daseinsberechtigung als Weg, der den Geist zu Freiheit und Unsterblichkeit führen konnte. Selbst dauerhafter Ruhm konnte nur eine lächerliche Karrikatur wahrer Unsterblichkeit sein. Im Hinblick auf die Ewigkeit verliert auch das vollkommenste Kunstwerk allen Wert.

Langsam erkannte er, dass der bloße Intellekt – die Aktivität des Hirns allein – einem auf der Suche nach der Wirklichkeit nicht sehr viel weiter helfen konnte. Dann erinnerte er sich mit einem Mal an das Gebot Christi: „Du sollst Gott lieben von ganzem Herzen und von ganzem Verstand." Diese unerwartete Einsicht war genauso folgenschwer, wie der Moment vordem, als die östliche Vision eines überpersönlichen Seins ihn dazu verleitet hatte, die Botschaft des Evangeliums als emotional-psychischen Appell abzutun. Mit dem Unterschied, dass jener frühere Moment wie ein dunkler Donnerschlag zugeschlagen hatte, während diesmal die Offenbarung wie ein heller Blitz leuchtete. Verstandesmäßige Einsicht ohne Liebe war nicht genug. Wirkliche Erkenntnis konnte nur durch eine Wesens-Gemeinschaft entstehen, will sagen, durch Liebe. So wurde Christus zum Sieger: Seine Lehre rief in seinem Geist andersartige Untertöne wach, sprach andere Dimensionen an. Das Gebet zum persönlichen Gott – zuerst und vor allem zu Christus – war in sein Herz zurückgekehrt.

Er hatte sich nun für eine neue Lebensform zu entscheiden. In Paris schrieb er sich in das damals vor kurzem eröffnete Institut der Orthodoxen Theologie ein, in der Hoffnung, darin unterwiesen zu werden, wie man betet, welches die richtige Haltung Gott gegenüber sei, wie man seine Leidenschaften überwindet und zur göttlichen Ewigkeit durchstößt. Doch die akademische Theologie lieferte ihm nicht den Schlüssel zum Himmelreich. Er verließ Paris und machte sich auf den Weg zum Berg Athos, wo die Menschen mittels des Gebets die Vereinigung mit Gott suchen. Beim Betreten des Heiligen Berges küsste er den Boden und flehte Gott an, ihn anzunehmen und ihm auf diesem neuen Lebensweg behilflich zu sein. Im Folgenden suchte er einen geistlichen Führer, der ihm helfen sollte, ihn von einer Reihe scheinbar unlösbarer Probleme zu befreien. Er stürzte sich mit dem gleichen Eifer ins Gebet, wie er es vordem in Frankreich getan hatte. Es war ihm völlig klar, dass er, wollte er wirklich Gott erkennen und vollständig mit ihm verbunden sein, nur dieses eine Ziel verfolgen durfte – intensiver noch, als er sich in seinen frühen Tagen der Malerei hingegeben hatte. Das Gebet wurde ihm so wichtig wie Kleidung und Atmen und kam auch nachts während des Schlafs nicht zum Stillstand. Verzweiflung vermischte sich mit einem Gefühl der Auferstehung: Verzweiflung über die Völker der Erde, die Gott den Rücken zugekehrt hatten und in ihrer Unwissenheit zugrunde gingen. Manchmal, wenn er für sie betete, kämpfte er regelrecht mit

Gott als deren Schöpfer. Dieses Schwanken zwischen zwei Polen, der Hölle einerseits und dem göttlichen Licht andererseits, erforderte dringend die Unterstützung von jemandem, der ihm erklären konnte, was da vor sich ging. Es sollten aber noch weitere vier Jahre bis zu seiner ersten Begegnung mit Starez Siluan vergehen, einer Begegnung, die er sofort als das bedeutendste Geschenk erkannte, das die Vorsehung ihm je gemacht hatte. Er hätte es niemals gewagt, von solch einem Wunder zu träumen, obgleich er lange nach einem Ratgeber gehungert und gedürstet hatte, der ihn mit starker Hand führen und ihm die Gesetze des spirituellen Lebens erklären würde. Ungefähr acht Jahre lang saß er zu Füßen seines Gamaliel, bis zum Tode des Starez; danach bat er um den Segen des Abtes und Klosterrates, um sich in die ‚Wüste' zurückzuziehen. Bald darauf brach der Zweite Weltkrieg aus, dessen Gerüchte (aktuelle Nachrichten drangen nicht bis in die ‚Wüste' vor) sein Gebet für die ganze Menschheit noch verstärkten. Er verbrachte die Nachtstunden auf dem Boden seiner Zelle mit dem Gesicht nach unten liegend und flehte zu Gott, er möge diesem aberwitzigen Blutbad ein Ende bereiten. Er betete für diejenigen, die getötet wurden, diejenigen, die töteten und für alle, die litten. Und er betete, Gott möge nicht zulassen, dass die bösere Seite den Sieg davontrüge.

Während der Kriegsjahre war die ‚Wüste' spürbar ruhiger und isolierter als gewöhnlich, da die Besatzung Griechenlands durch die Deutschen den gesamten Schiffsverkehr rund um die Athos-Halbinsel unterbrach. Aber die totale Zurückgezogenheit des Autors endete dennoch, als man ihn drängte, Beichtvater und geistlicher Vater für die Mönche des St.-Paulus-Klosters zu werden. Starez Siluan hatte ihm vorausgesagt, dass er eines Tages Beichvater sein würde und hatte ihn ermutigt, dieser für die Menschen lebenswichtigen Aufgabe nicht auszuweichen – einem Dienst, der es nötig macht, sich selbst an den zu verschenken, der zu einem kommt, ihn in sein eigenes Leben mit aufzunehmen und mit ihm seine tiefsten Gefühle zu teilen. Es dauerte nicht lange, bis er in weitere Klostergemeinschaften gerufen wurde, und Mönche von den kleinen Einsiedeleien auf dem Athos, Anachoreten und Einsiedler wandten sich an ihn. Es war eine schwierige und verantwortungsvolle Aufgabe. Aber er sagte sich, dass es seine Pflicht sei, zu versuchen, die Unterstützung weiterzugeben, die er von seinen geistlichen Vätern bekommen hatte, welche ihr Wissen, das sie ‚von Oben' empfangen hatten, so liebevoll mit ihm geteilt hatten. Er konnte dieses Wissen nicht für sich allein behalten. Er musste mit freiem Herzen geben, was er freien Herzens empfangen hatte. Aber geistlicher Vater sein, ist keine leichte Angelegenheit: es beinhaltet, die Wachsamkeit, die bis dahin auf einen selber gerichtet war, auf andere zu übertragen; mit schöpferischem Mitgefühl in Herz und Geist der anderen zu schauen; sich mit den Problemen seines Nächsten zu beschäftigen, anstatt mit seinen eigenen.

Nach vier Jahren an einem entlegenen Ort, umgeben von Klippen und Felsspitzen, mit wenig Wasser und fast ohne Vegetation, nahm der Autor das Angebot des St.-Paulus-Klosters an, in eine Felsengrotte auf dessen Gebiet umzusiedeln. Diese neue Grotte bot zahlreiche Vorteile für einen Anachoreten und Priester. Es gab eine ganze Anzahl von Einsiedlern in der ‚Wüste'; sie neigten dazu, sich in der Nähe der anderen, doch getrennt durch Felsen und Steilwände, ohne Sichtkontakt anzusiedeln. Hier hatte er außer der völligen Isolation noch eine kleine Kapelle von etwa drei mal vier Metern, die in den Fels gehauen worden war. Aber der Winter stellte sein Durchhaltevermögen auf eine harte Probe. Der erste starke Regenguss überschwemmte die bis dahin trockene Grotte, und von nun an musste er sechs Monaten lang täglich über hundert Eimer Wasser hinausbefördern. Er installierte ein paar Bleche, damit sich wenigstens seine Liegestatt nicht wie ein Schwamm vollsog. Nur die kleine Kapelle blieb trocken. Dort konnte er beten und seine Bücher aufbewahren. Alles darum herum war nass. Unmöglich, ein Feuer anzuzünden, um sich etwas zum Essen aufzuwärmen. Nach dem dritten Winter schließlich zwang ihn seine angegriffene Gesundheit, die Grotte aufzugeben, die ihm das seltene Privileg gewährt hatte, von der Welt losgelöst zu leben.

Zu dieser Zeit kam ihm der Gedanke, ein Buch über Starez Siluan zu schreiben, um die Lehren festzuhalten, die ihm so sehr geholfen hatten, sich in den unermesslichen Gefilden des Geistes zurechtzufinden, indem sie ihm die Wege des spirituellen Kampfes aufzeigten. Um dieses Vorhaben auszuführen, musste er in den Westen zurückkehren – nach Frankreich, wo er sich mehr als in jedem anderen Land Europas zu Hause gefühlt hatte. Anfangs wollte er nur ein Jahr bleiben, merkte aber bald, dass er mehr Zeit brauchte. Da er unter schwierigen Bedingungen arbeitete, wurde er schwer krank, und eine komplizierte Operation machte ihn zum Invaliden. Aus diesem Grund musste er jeglichen

Gedanken aufgeben, in seine Grotte in der ‚Wüste' auf dem Berg Athos zurückzukehren.

Er stellte selber die erste vervielfältigte Fassung seines Buches über Starez Siluan her. Eine gedruckte Ausgabe folgte 1952. Daraufhin begannen die Übersetzungen: zuerst ins Englische, dann ins Deutsche, Griechische, Französische, Serbische und Auszüge in noch weitere Sprachen. Wie würden die Asketen des Heiligen Berges darauf reagieren? Diese Frage war von äußerster Wichtigkeit für den Autor. Sie akzeptierten das Buch als wahren Ausdruck der alten Tradition des östlichen Mönchstums und erkannten in Starez Siluan einen geistigen Nachfolger der großen Väter von Ägypten, Palästina, Sinai und anderer historischer Asketenschulen, die bis zum Anfang der christlichen Zeitrechnung zurückreichten.

Archimandrit Sofronij war davon überzeugt, dass das Wort Christi: ‚Halte deinen Geist in der Hölle und verzweifle nicht' durch Starez Siluan besonders an unsere heutige in Verzweiflung gestürzte Generation gerichtet war. Ist nicht „die schwere Zeit" gekommen, „wenn die Menschen in Eigenliebe leben ... undankbar, ohne Gott, gesetzlos, verleumderisch, diejenigen verachtend, die gut sind ... die, statt Gott zu suchen, nur ihrer Vergnügungssucht frönen; die zwar aussehen, als wären sie fromm, aber der Frömmigkeit jegliche Kraft absprechen ... sie sind immer auf neue Lehren aus und können doch nie zur Erkenntnis der Wahrheit kommen" (vgl. 2 Tim 3,1-7)? Er glaubte außerdem, dass die Menschen den Starez lieben würden, weil dieser jahrzehntelang mit so außergewöhnlicher Liebe für die ganze Menschheit gebetet und Gott angefleht hatte, dem ganzen Menschengeschlecht zu gewähren, Ihn mittels des Heiligen Geistes zu schauen. Der russische Dichter Puschkin behauptete von sich, dass es kein Denkmal brauchte, damit er in Erinnerung bliebe – das russische Volk würde ihm ein langes und wertvolles Gedenken gewähren, weil er den Menschen während einer grausamen Zeit von Freiheit gesungen habe, von Mitleid für die Gefallenen. Hatte der demütige Starez der Menschheit nicht einen noch nobleren Dienst erwiesen? Er lehrte uns, wie wir mit der Verzweiflung fertig werden können und zeigte uns, was sich hinter diesem furchtbaren geistigen Zustand verbirgt. Er offenbarte uns den Lebendigen Gott und seine Liebe zu den Söhnen Adams. Er lehrte uns, wie wir das Evangelium in seinen ewigen Dimensionen verstehen können. Und für viele machte er das Wort Christi zur Wirklichkeit, zum Teil des täglichen Lebens. Vor allem aber schenkte er unserer Seele die unumstößliche Hoffnung auf eine glückselige Ewigkeit im göttlichen Licht.

Durch das gesamte Buch spiegelt Archimandrit Sofronij die Lehre seines geistlichen Vaters wider. Nicht alles wird beim ersten Lesen sofort klar werden – auf jeden Fall ist es keine leichte Lektüre. Die Form wird zwangsläufig dem Inhalt geopfert, wenn der Übersetzer sich zwischen zwei Sprachen in die Enge getrieben sieht; und in so einem Werk drückt sich der Autor häufig über einen semantischen Abgrund hinweg aus. Wenige von uns haben eine wirkliche Ahnung von dem Leben, das auf diesen Seiten beschrieben wird. Aber eine eingehendere Beschäftigung wird uns mit der Art, wie die Asketen auf dem Athos leben, vertraut machen, und dann können wir mit Gewinn versuchen, manches von den Lehren, die wir aufgenommen haben, für uns selber auszuprobieren. Die Gnade, die Gottes Gabe der Heiligkeit darstellt, hängt von der Anstrengung ab, die ein Mensch macht, zur Heiligkeit zu gelangen.

Der Autor glaubt fest daran, dass der Mensch verbesserungsfähig ist, und schürt unsere Flamme mit lauter und nachhaltiger Stimme. Immer wieder erklärt er rundweg, dass das Gebet der sicherste Weg sei, Gott zu erkennen. Gott ist für ihn Gegenwart, die sich in allen Dingen zeigt. Wir haben alle einen göttlichen Funken in uns. Unsere Freiheit ist dem Grad von Bewusstsein, den wir besitzen, direkt proportional. Nur der All-Ewige kann dem Leben einen Sinn geben. Der Zusammenbruch eines absoluten Wertes führt zum Zusammenbruch relativer Werte. Wenn Gott zusammenbricht, brechen auch Ehre, Ehrlichkeit, Treue und dergleichen zusammen. Eine Kultur, eine Zivilisation kann nur so stark sein, wie das inwendige Leben ihrer Bevölkerung. Die einzige Revolution, über die wir nachdenken sollten, ist eine persönliche, private, moralische.

Getreu dem Geist und der Aufgabe, die ihm der Starez aufgetragen hatte, gründete Archimandrit Sofronij im Jahre 1959 in Essex (England) eine kleine Klostergemeinschaft, wo anfangs all diejenigen zu ihm kommen konnten, die auf der Suche nach geistlichem Beistand waren. Sein hohes Alter und die abnehmenden Kräfte zwangen ihn später, einen Großteil seiner früheren Aktivitäten den Mönchen und Monialen zu übergeben, um seine Kraft der Liturgie zu widmen. Die Stunden, die er damit verbrachte, die Liturgie zu feiern, gaben einem Tag seinen wahren Wert und sein Herz. Er zelebrierte die Liturgie nicht in abstrakter Form, sondern mit einer hingebenden Liebe, die das ganze tragische Leid der

Menschheit in sich aufnahm. Er war bis zum Äußersten mit Gottesbewusstsein erfüllt. Man hatte oft den Eindruck, er sei ein Mensch, der in Berührung mit unbekannten Lebensformen war und der in der Tiefe des Schweigens das Licht wahrnahm. Er war leuchtend klar, warmherzig und streng in seinem Urteil, das einem neue Horizonte öffnete. Er hatte den durchdringenden, doch sanften Blick eines Asketen. Schöpfung war für ihn ein Synonym für Hoffnung. Wenn ein Mensch nur das besitzt, was er verschenkt, war der Autor dieses Buches wahrhaftig gesegnet. Archimandrit Sofronij starb im Juli 1993.

Rosemary Edmonds

ERSTER TEIL

I. GOTTESERKENNTNIS

Oh Du, der Du bist,
Oh Gott, der Vater, Allmächtiger Herr,
Der Du uns erschaffen und in dieses Leben gebracht hast:
Gewähre uns, Dich zu erkennen,
Den einzig wahren Gott.

Der Geist des Menschen dürstet nach Wissen – nach allumfassendem, vollkommenem Wissen. Nichts kann unser Verlangen nach Wissen zerstören, und naturgemäß liegt unser äußerstes Ziel in der Erkenntnis des Ursprünglichen Seins, das heißt Dessen, der oder das wirklich ist. Seit den Anfängen der Geschichte hat der Mensch diesem Ur-Prinzip instinktiv seine Verehrung dargebracht. Unsere Väter und Vorväter verehrten es auf verschiedene Weise, weil sie Ihn nicht erkannten, „wie Er ist" (1 Joh 3,2). Einige (die sicher zu den Weisesten gehörten) errichteten einen Altar mit der Aufschrift: „Dem unbekannten Gott" (Apg 17,23). Selbst heute werden wir fortwährend mit der Tatsache konfrontiert, dass der Mensch die Schwelle zu „dem Unbekannten" mit dem Verstand allein nicht zu überschreiten vermag. Nur wenn Gott Sich Selbst offenbart, können wir zu dieser höchsten Erkenntnis gelangen.

Das Problem der Erkenntnis Gottes lässt uns nach Beispielen aus vergangenen Jahrhunderten suchen, da Gott dem Menschen durch den einen oder anderen Propheten erschien. Zweifellos war für uns, für die gesamte Christenheit, eines der bedeutendsten von der Geschichte tradierten Ereignisse die Offenbarung Gottes auf dem Berg Sinai, wo Moses eine neue Erkenntnis über das göttliche Sein zuteil wurde: JAHWE

– ICH BIN DER ICH BIN (Ex 3,14). Von diesem Augenblick an öffneten sich der Menschheit weite Horizonte, und die Geschichte erfuhr eine Wende. Die geistige Verfassung eines Volkes ist die eigentliche Ursache der geschichtlichen Ereignisse: nicht das Sichtbare, sondern das Unsichtbare – das Geistige – ist von primärer Bedeutung. Die das Sein und den Sinn des Lebens im Allgemeinen betreffenden Intuitionen und Vorstellungen suchen ihren Ausdruck und verursachen das historische Geschehen.

Als Träger der überragenden ägyptischen Kultur zweifelte Moses nicht daran, dass die Offenbarung, die ihm auf so wunderbare Weise gegeben worden war, von Dem kam, der das gesamte Universum geschaffen hatte. Im Namen dieses Gottes ICH BIN überzeugte er das jüdische Volk, ihm zu folgen. Er war mit außergewöhnlichen Kräften von oben ausgestattet und vollbrachte zahlreiche Wunder. Moses gebührt die unvergängliche Ehre, die Menschheit der ewigen Wahrheit näher gebracht zu haben. Er war von der Echtheit seiner Vision überzeugt und erließ seine Verfügungen als Gebote, die vom Himmel gekommen waren. Alles wurde im Namen und kraft des Namens ICH BIN, der sich offenbart hatte, ausgeführt. Dieser Name war furchterregend in seiner Stärke und Heiligkeit – er war von Gott ausgehende Energie. Dieser Name bildete den ersten Zugang zur lebendigen Ewigkeit: die Morgendämmerung der Erkenntnis des Absoluten als ICH BIN.

Im Namen Jahwes führte Moses die noch primitiven Israeliten aus ihrer Gefangenschaft in Ägypten heraus. Während ihrer Wanderungen durch die Wüste entdeckte er jedoch, dass dieses Volk trotz der vielen Wunder, die es erlebt hatte, bei weitem noch nicht bereit war, die erhabene Offenbarung des Ewigen zu empfangen. Dies wurde besonders deutlich, als sie sich der Grenze des verheißenen Landes näherten. Ihr Kleinmut und Mangel an Glauben veranlassten den Herrn zu der Ankündigung, dass nicht einer von ihnen, die mit dem Geist Ägyptens durchtränkt waren, das „Gelobte Land" sehen sollte (Deut 1,32.35.38). Ihre Gebeine sollten in der Wüste zurückbleiben, und Moses würde eine neue Generation begeistern und heranziehen müssen, die fähiger wäre, diesen Gott zu begreifen, der zwar unsichtbar war, aber dennoch alles in Seinen Händen hielt.

Moses war mit einem ungewöhnlichen Genius begabt, aber wir schätzen ihn besonders, weil er verstand, dass die Offenbarung, die ihm zuteil geworden war, trotz all ihrer Größe und Gültigkeit noch nicht vollkommen war. Er spürte, dass Derjenige, der sich ihm offenbart hatte, der „Erste und der Letzte" (Jes 44,6) war, dass es vor Ihm und nach Ihm nichts und niemanden geben könne. Und er sang: „Merkt auf, ihr Himmel, ich will reden und die Erde höre die Rede meines Mundes" (Deut 32,1). Und gleichzeitig betete er weiter um ein besseres Verständnis Gottes, indem er aus der Tiefe des Abgrunds zu Ihm rief: „Lass mich deinen Weg wissen, damit ich dich erkenne" (‚wie Du bist) (Ex 33,13; 1 Joh 33,2). Gott erhörte sein Gebet und offenbarte Sich Moses, soweit dieser Ihn erfassen konnte; denn Moses war nicht fähig, die ganze Offenbarung zu empfangen: „Ich will vor deinem Angesicht all meine Güte vorübergehen lassen und will vor dir kundtun den Namen des Herrn ... [und] wenn meine Herrlichkeit vorübergeht, will ich (...) meine Hand über dir halten ... Dann will ich meine Hand von dir tun, und du darfst hinter mir hersehen; aber mein Angesicht kann man nicht sehen" (Ex 33,19.22.23).

Dass die Offenbarung, die Moses erhalten hatte, nicht vollständig war, zeigt sich klar an dem Zeugnis, das er dem Volk gab: „Einen Propheten ... wird dir der Herr, dein Gott, erwecken aus dir und aus deinen Brüdern; dem sollt ihr gehorchen." Und: „Und der Herr sagte mir ... ich will ihnen einen Propheten, wie du bist, erwecken aus ihren Brüdern und meine Worte in seinen Mund geben; der soll zu ihnen reden alles, was ich ihm gebieten werde" (Deut 18,15.18). Nach dem Alten Testament wartete ganz Israel auf das Kommen des Propheten, „von dem Moses geschrieben hat" (Joh 5,46), des Propheten ‚par excellence' – „des Propheten" (Joh 1,21). Das jüdische Volk erwartete das Kommen des Messias, der ihnen bei seiner Ankunft „alles" verkünden würde (Joh 4,25). „Komm und lebe bei uns, damit wir dich erkennen", war der ständige Ruf der alten Hebräer. Daher auch der Name „Immanuel, das heißt übersetzt: Gott mit uns" (Mt 1,23; Jes 7,17).

So liegt für uns Christen der Mittelpunkt des Universums und der letzte Sinn der gesamten Weltgeschichte im Kommen Jesu Christi. Er verwarf die prophetischen Modelle des Alten Testaments nicht, sondern rechtfertigte sie, indem er uns ihre wahre Bedeutung enthüllte und allen Dingen neue – unendliche und ewige – Dimensionen verlieh. Der Neue Bund Christi markierte den Anfang einer neuen Ära in der Geschichte der Menschheit: von nun an spiegelte sich die göttliche Wirklichkeit in der unerforschlichen Größe der Liebe und Demut Gottes, unseres Vaters. Mit dem Kommen Christi veränderte sich alles. Die neue Ordnung wirkte sich auf die gesamte Schöpfung aus.

Moses war es gegeben, zu erkennen, dass das absolute Ursprüngliche Sein keine abstrakte Einheit, kein unpersönlicher oder überpersönlicher kosmischer Vorgang und kein Nicht-Sein war, das alles Existierende transzendierte. Er begriff, dass dieses Sein einen personalen Charakter hatte und ein lebendiger Gott war, der Leben spendete. Moses erhielt jedoch keine klare Offenbarung: er sah Gott nicht im Licht, wie die Apostel auf dem Berg Tabor – „Moses nahte sich dem Dunkel, darinnen Gott war" (Ex 20,21). Dies mag auf verschiedene Weise gedeutet werden, doch die Betonung liegt auf dem unerkennbaren Charakter Gottes, wenngleich wir nicht mit Sicherheit sagen können, in welchem Sinn und Zusammenhang. Beschäftigte Moses die Unmöglichkeit, das Wesen des göttlichen Seins zu erkennen? Dachte er, wenn Gott Person sei, könne er nicht ewig als Einzelwesen in Sich Selbst verharren – denn war eine ewige metaphysische Einsamkeit überhaupt denkbar? Gott war hier, bereit, sie zu führen, nur wohin und wozu? Wie sah die Unsterblichkeit aus, die Er anbot? – Als sie an die Grenze des Gelobten Landes kamen, starb Moses.

Und dann erschien Er, dem die Welt ihre Entstehung verdankt; und mit nur wenigen Ausnahmen „erkannte ihn die Welt nicht" (Joh 1,10). Dieses Ereignis überstieg das Fassungsvermögen des normalen Menschen bei weitem. Der erste, der Ihn erkannte, war Johannes der Täufer, weshalb zurecht von ihm gesagt wurde: „Unter allen, die von einer Frau geboren wurden, war keiner größer als er", der Letzte des Alten Bundes und der Propheten (Mt 11,9-13).

Als Mensch brauchte Moses überzeugende Beweise für die Macht und Autorität, die ihm übertragen worden waren, um die Israeliten, die immer noch ihrer Götzenverehrung anhingen, zu beeindrucken und sie zu zwingen, seine Lehre zu beherzigen. Aber als Christen können wir die ersten Bücher des Alten Testaments nicht ohne Schaudern lesen. Im Namen Jahwes erlitten alle diejenigen, die Moses widerstanden, schreckliche Strafen und oft sogar den Tod. Der Berg Sinai „loderte in Feuer", und die Menschen gerieten in „Dunkel, Finsternis und Sturmwind, zum Klang der Posaunen und Schall der Worte ... die für sie unerträglich waren" (Hebr 12,18-20).

Mit Christus war es das Gegenteil: Er war reine Sanftmut, der Ärmste der Armen, und hatte nicht einmal einen Ort, um zu ruhen. Er hatte keine

Autorität, weder im Staat noch in der Synagoge, die doch aufgrund einer von oben kommenden Offenbarung gegründet worden war. Er ging nicht gegen diejenigen an, die Ihn verachteten. Und uns wurde gegeben, Ihn gerade weil Er „sich selbst erniedrigt hat und wie ein Sklave geworden ist" (Phil 2,7), weil Er Gewalt an sich geschehen ließ und den Tod erduldete, als Pantokrator [den Allmächtigen] zu erkennen. Als Schöpfer und wahrer Herr alles Existierenden hatte Er keine Gewalt nötig und brauchte nicht zu beweisen, dass Er die Kraft hatte, seine Gegner zu strafen. Er kam, um „die Welt zu retten" (Joh 12,47), um uns den einen wahren Gott zu verkündigen. Er entdeckte uns den Namen „Vater". Er gab uns das Wort, welches Er Selbst vom Vater empfangen hatte. Er enthüllte uns Gott als Licht, in dem keine Finsternis ist (vgl. 1 Joh 1,5). Er entschlüsselte das tiefste aller Mysterien: Gott ist ein hypostatisches Wesen, aber nicht eine Person, sondern drei Personen in Einheit – die Heilige Trinität. Er schenkte uns die Taufe „mit dem Heiligen Geist und mit Feuer" (Mt 3,11). Im Licht dieses Wissens erkennen wir nun den Weg der ewigen Vervollkommnung (Mt 5,48).

Die Welt quält sich weiter im Teufelskreis ihrer materiellen Probleme ökonomischer, sozialer, nationalistischer und anderer Art – weil die Menschen es ablehnen, Christus zu folgen. Wir haben keinerlei Verlangen, in allen Dingen so zu werden wie Er: Seine Brüder, und durch Ihn zu geliebten Kindern des Vaters, auserwählten Wohnungen des Heiligen Geistes. In Seiner liebenden Vorsehung vor aller Zeit erschuf Gott den Menschen, damit er an Seinem Sein teilhabe und Ihm in allem ähnlich sei. Dieser göttliche Plan für die Menschen schließt aufgrund seiner ihm innewohnenden Natur jegliche Möglichkeit eines Zwanges oder einer Vorherbestimmung aus. Wir Christen dürfen niemals von unserem Ziel abweichen, damit wir nicht der Inspiration verlustig gehen, das Himmelreich „mit Gewalt" zu erstürmen. Die Erfahrung zeigt es nur allzu deutlich: wenn wir anfangen, die Dimensionen der Offenbarung, die uns durch Christus und den Heiligen Geist gegeben ist, zu reduzieren, werden wir von dem Licht, das uns offenbart wurde, allmählich immer weniger angezogen. Wenn wir unsere Hoffnung auf Rettung bewahren wollen, müssen wir kühn sein. Christus sagte: „Seid getrost, ich habe die Welt überwunden" (Joh 16,33). Er hatte die Welt nicht als Gott besiegt, sondern als Mensch, denn Er ist in Wahrheit Mensch geworden.

Echtes Christsein wird immer „im Geist und in der Wahrheit" (Joh 4,23) gelebt und kann in diesem Sinne überall und zu jeder Zeit verwirklicht werden, weil die Gebote Christi einen absoluten Charakter haben. Mit anderen Worten: es gibt – und kann auch in der ganzen Welt – keine Umstände geben, die das Befolgen der Gebote unmöglich machen würden.

Seinem ewigen Wesen nach ist das christliche Leben göttlicher Geist und Wahrheit und transzendiert daher alle äußeren Formen. Aber der Mensch kommt als ‚tabula rasa' in diese Welt, damit er „heranwachse und im Geist stark werde und mit Weisheit erfüllt" (vgl. Lk 2,40); hieraus ergibt sich die Notwendigkeit irgendeiner Form von Organisation, die das Gemeinschaftsleben der menschlichen Wesen diszipliniert und koordiniert, die von moralischer, intellektueller und vor allem spiritueller Vollkommenheit noch weit entfernt sind. Die Väter unserer Kirche und die Apostel, die uns lehrten, den wahren Gott zu verehren, waren sich dessen bewusst, dass der göttliche Geist alle irdischen Einrichtungen transzendiert; dass derselbe Geist sich aber dennoch eine konkrete Wohnstatt schafft, die ihm als Gefäß zur Erhaltung Seiner Gaben dient. Diese Wohnstatt des Heiligen Geistes ist die Kirche. Durch Jahrhunderte von Sturm und Gewalt hat sie den wertvollen Schatz der von Gott geoffenbarten Wahrheit bewahrt. (Wir brauchen uns hier nicht mit den Zeloten zu beschäftigen, die der äußeren Form mehr Bedeutung zumessen als dem Inhalt.) „Der Herr aber ist der Geist. Wo aber der Geist des Herrn ist, da ist Freiheit ... wir spiegeln ... die Herrlichkeit des Herrn und werden so in dasselbe Bild verwandelt, von Herrlichkeit zu Herrlichkeit" (2 Kor 3,17-18).

Es ist die Aufgabe der Kirche, die Gläubigen in den Lichtbereich des göttlichen Seins zu führen. Die Kirche ist das spirituelle Zentrum unserer Welt und umfasst die ganze Menschheitsgeschichte. Diejenigen, die sich durch einen langandauernden asketischen Kampf mit dem Ziel, ein Leben nach den Geboten des Evangeliums zu führen, ihrer Freiheit als Kinder Gottes bewusst geworden sind, fühlen sich durch formale Traditionen nicht mehr behindert. Sie respektieren problemlos die allgemeinen Überlieferungen und Regeln. Sie haben das Beispiel Christi, der die Gebote seines Vaters hielt, ohne das Gesetz des Moses mit all seinen „unerträglichen Lasten" (Lk 11,46) zu übertreten.

In Christus und durch das Kommen des Heiligen Geistes hat Gott uns die vollständige und endgültige Offenbarung Seiner Selbst gegeben. Sein

Wesen bildet jetzt für uns die primäre, unvergleichlich viel einleuchtendere Wirklichkeit als alle vergänglichen Erscheinungen dieser Welt. Wir spüren Seine göttliche Gegenwart zugleich in und außerhalb von uns: in der erhabenen Großartigkeit des Universums, im menschlichen Antlitz, im Lichtblitz des Gedankens. Er öffnet uns die Augen, um die Schönheit Seiner Schöpfung zu sehen und uns ihrer zu erfreuen. Er erfüllt unsere Herzen mit Liebe zur ganzen Menschheit. Sein unbeschreiblich sanftes Kommen durchdringt unser Herz. Und zu der Zeit, wenn Sein unvergängliches Licht das Herz erleuchtet, wissen wir, dass wir nicht sterben werden. Wir wissen es mit einer Gewissheit, die mit herkömmlichen Mitteln nicht zu beweisen ist, die für uns aber auch keines Beweises bedarf, da der Geist Selbst davon Zeugnis in uns ablegt.

Die Offenbarung Gottes als ICH BIN DER ICH BIN verkündet den personalen Charakter des Absoluten Gottes, das Herzstück seines Seins. Um diese Offenbarung zu interpretieren, übernahmen die Kirchenväter den philosophischen Ausdruck „hypostasis". Dieser vermittelt an erster Stelle die Bedeutung „Wirklichkeit" (das, was wirklich ist) und kann sowohl auf Dinge und Menschen als auch auf Gott bezogen sein. In vielen Fällen wurde er als Synonym für Essenz benutzt (deutsch zumeist ‚Wesen'; die exakte lateinische Übersetzung ist ‚substantia'). Im Neuen Testament erscheint der Begriff nur fünfmal. Im Brief an die Hebräer wird der Begriff benutzt, um die Person (andere dt. Übersetzung: ‚Wesen') des Vaters zu bezeichnen: „... hat er geredet durch den Sohn ..., weil er ... das Ebenbild seiner Person ist" (Hebr 1,3); weiter unten in demselben Brief (Hebr 11,1) bedeutet der Begriff ‚Garantie', ‚Zuversicht' („Es ist aber der Glaube eine gewisse Zuversicht dessen, was man hofft ..."); in demselben Sinne 2 Kor 11,17 („... ich rede ... in der Zuversicht des Rühmens"; vgl. auch 2 Kor 9,4). In allen Fällen liegt die Betonung auf dem authentischen Charakter dessen, wovon die Rede ist. – Die drei Worte Person, Substanz und Wesen vermitteln zusammengenommen am besten den Inhalt des griechischen theologischen Begriffs ‚hypostasis', der einerseits den Begriff ‚Person' (auch ‚Antlitz') hervorhebt, andererseits auch die grundlegende Bedeutung der personalen Dimension im Sein unterstreicht. Im vorliegenden Text sind die Begriffe ‚Hypostasis' und ‚Person' gleichbedeutend.

II. DAS RÄTSEL DES ‚ICH BIN'

Das Ursprüngliche Sein hat sich uns unter dem Namen ICH BIN DER ICH BIN (Ex 3,13-14) zu erkennen gegeben. Wem immer der Segen einer lebendigen Begegnung mit Ihm zuteil wurde, kann bis zu einem gewissen Grade die im Alten und Neuen Testament beschriebenen Offenbarungen Gottes in ihrer Bedeutung verstehen. Diese progressiven Offenbarungen der himmlischen Bereiche sind von überragender Wichtigkeit, einer solchen Wichtigkeit, dass alle anderen Ereignisse der Weltgeschichte daneben zur Bedeutungslosigkeit verblassen. Nicht nur unsere weltlichen Aktivitäten, sondern alles, was der Verstand vom unendlichen Kosmos erfasst, ist eine Vorbereitung auf das unaussprechliche Wunder, das der Eintritt des Geistes in die von Liebe erfüllte lebendige Ewigkeit bedeutet.

Jahrhunderte vergingen, ehe der wahre Inhalt des erstaunlichen ICH BIN verstanden wurde. Trotz ihres glühenden Glaubens wussten weder Moses noch die Propheten, die seine Erben waren, den Segen, der über sie ausgegossen war, in vollem Ausmaß zu schätzen. Sie erfuhren Gott hauptsächlich durch die Ereignisse der Geschichte. Wenn sie sich Ihm im Geiste zuwandten, geschah ihre Kontemplation jedoch in Dunkelheit. Wenn wir als Erben des Neuen Testaments das Alte Testament lesen, stellen wir fest, wie Gott versucht hat, unseren Vorgängern klarzumachen, dass dieses ICH BIN ein Wesen und doch zugleich drei Personen ist. Manchmal sprach Er von sich Selbst sogar als Wir: „Und Gott sprach, lasst uns Menschen machen nach unserem Bilde, uns ähnlich ..." (Gen 1,26); „Und Gott der Herr sprach: ‚Siehe, der Mensch ist geworden wie unsereiner" (Gen 3,22). Ein noch bemerkenswerteres Beispiel finden wir bei Abraham: drei Männer erscheinen vor ihm, und doch spricht er zu ihnen wie zu einer Person (Gen 18,2ff.).

Die Aneignung der Gotteserkenntnis ist ein langsamer Prozess, der sich nicht von Anfang an in seinem ganzen Umfang verwirklichen lässt, obwohl Gott immer und in jeder Seiner Offenbarungen unveränderlich Eins und unteilbar ist. Christus benutzte eine einfache Sprache, die sogar den Unwissendsten verständlich war, aber was Er sagte, überstieg das Fassungsvermögen auch der weisesten Seiner Zuhörer: „Noch ehe Abraham war, bin ich" (Joh 8,58); „Ich und der Vater sind eins" (Joh 10,30); „Mein Vater wird ihn lieben, und wir werden kommen und Wohnung bei ihm machen" (Joh 14,23); „Ich werde den Vater bitten, und er wird euch einen anderen Beistand geben, der für immer bei euch bleiben wird" (Joh 14,16). Hier wird nun eine dritte Person eingeführt: „Der Geist der Wahrheit, der vom Vater ausgeht, wird Zeugnis für mich ablegen" (Joh 15,26).

Wir beobachten, dass Christus nur ganz allmählich vom Vater zu sprechen begann, und dass Er erst gegen Ende Seines Erdendaseins vom Heiligen Geist geredet hat. Bis ganz zum Schluss verstanden Ihn Seine Jünger nicht, und Er machte auch nicht den Versuch, ihnen die „Gestalt" des göttlichen Wesens zu erklären: „Noch vieles habe ich euch zu sagen, aber ihr könnt es jetzt nicht tragen" (Joh 16,12). Statt dessen zeigte Er uns, wie wir die vollkommene Erkenntnis erwerben können: „Wenn ihr an meinem Wort festhaltet, werdet ihr die Wahrheit erkennen" (Joh 8,31-32); „Der Heilige Geist wird euch alles lehren und euch an alles erinnern, was ich euch gesagt habe" (Joh 14,26); „Wenn der Geist der Wahrheit kommt, wird er euch in alle Wahrheit leiten" (Joh 16,13). Und Er kam und offenbarte uns die Fülle der göttlichen Liebe, aber diese Gabe war zu groß für unser Fassungsvermögen. Dennoch zieht Er sich nicht zurück, sondern wartet geduldig darauf, dass wir Christus lieben, „Gottes Kraft und Gottes Weisheit" (1 Kor 1,24), so wie Er uns liebt.

„Die Worte, die ich zu euch gesprochen habe, die sind Geist und sind Leben" (Joh 6,63). Eben dieses Leben betrachten wir hier näher – ein Leben, das durch das von oben inspirierte Gebet erzeugt wird, durch die Liebe, die auf uns herabkommt, und durch die angemessene Erkenntnis des Ursprünglichen Seins.

Wie kann man den spirituellen Zustand dessen beschreiben, dem Gott Sich als ICH BIN offenbart? Er ist unserem Herzen so spürbar nahe, dass die Freude, die Er mit Sich bringt, ähnlich ist wie Licht. Er ist gut und sanftmütig, und ich kann aufs Innigste von Angesicht zu Angesicht zu Ihm sagen: „Du, der Du bist." Und zugleich weiß ich, dass dieses ICH BIN und DU, DER DU BIST, das absolute Sein ist. Er ist ohne Anfang; auf Sich Selbst gegründet; Selbst-genügsam. Er ist Person im absoluten Sinn. Sein Bewusstsein durchdringt alles, was ist: „Denn nichts ist verhüllt, was nicht enthüllt wird, und nichts ist verborgen, was nicht bekannt wird. ... Verkauft man nicht zwei Sperlinge für ein paar Pfennige? Und doch fällt keiner von ihnen zur Erde, ohne den Willen eures Vaters. Bei euch aber sind sogar die Haare auf dem Haupte alle gezählt" (Mt 10, 26.29-30); „Vor ihm bleibt kein Geschöpf verborgen, sondern alles liegt nackt und bloß vor den Augen dessen, dem wir Rechenschaft schulden" (Hebr 4,13). Jede Sekunde unseres Lebens, jeder Herzschlag ist in seiner Hand. Er ist in Wahrheit das „Licht, und keine Finsternis ist in ihm" (1 Joh 1,5). Und es gibt niemand und nichts, was seinem alles sehenden Auge entgeht.

ICH BIN DER ICH BIN. Ja, in der Tat, Er ist das Sein. Nur Er allein lebt wirklich. Alles aus dem Abgrund des Nicht-Seins Hervorgerufene lebt ausschließlich durch Seinen Willen. Bis ins kleinste Detail stammt auch mein eigenes individuelles Leben einzig und allein von Ihm. Er erfüllt die Seele und bindet sie immer fester an Sich. Bewusster Kontakt mit Ihm prägt einen Menschen auf alle Zeit. Solch ein Mensch wird den Gott der Liebe, den er kennenlernen durfte, nun nicht mehr verlassen. Sein Geist ist wiedergeboren. Bisher konnte er überall nur vorherbestimmte natürliche Abläufe sehen; nun aber beginnt er, alle Dinge im Licht der Person zu verstehen. Die Erkenntnis des persönlichen Gottes hat einen wesentlich personalen Charakter. Gleiches erkennt Gleiches. Endlich hört die tödliche Langeweile des Unpersönlichen auf. Die Erde und das ganze Universum rühmen Ihn: „Es lobe ihn Himmel und Erde, die Meere mit allem, was sich darin bewegt" (Ps 68/69,35). Und siehe, Er Selbst möchte bei uns sein, um uns die Überfülle Seines Lebens zu schenken (siehe Joh 10,10). Und wir, unsererseits, dürsten nach diesem Geschenk.

Die Seele kennt Ihn, kann Ihn aber nicht fassen, und hierin liegt ihre Not. Unsere Tage sind voller Verlangen, mit allen Fasern unseres Seins zur göttlichen Sphäre hindurchzudringen. Unser Gebet muss glühend sein; mannigfaltig ist die Erfahrung, die dann daraus hervorgehen kann. Subjektiv, in unseren Herzen, sieht es so aus – gemessen an der Liebe, deren Gegenwart wir spüren – dass unsere Erfahrung über jeden Zweifel erhaben ist. Aber trotz der allumfassenden Umarmung dieser Liebe, trotz des Lichts, in dem sie erscheint, wäre es nicht nur falsch, sondern sogar gefährlich, sich ausschließlich auf sie zu verlassen. Aus der Heiligen Schrift wissen wir, dass die allerheiligste Jungfrau Maria zu ihrer Cousine Elisabeth eilte, um aus ihrem Munde bestätigt zu bekommen, dass die Offenbarung, die sie erhalten hatte, echt sei: dass sie einen Sohn gebären würde, der groß sein und der Sohn des Allerhöchsten genannt werden würde, und dessen Reich kein Ende haben sollte (siehe Lk 1,32-33). – Der heilige Paulus, der ins „Dritte Paradies entrückt wurde und Worte hörte, die kein Mensch aussprechen kann" (2 Kor 12,4), liefert uns ein weiteres Beispiel: „Es gefiel Gott ... seinen Sohn in mir zu offenbaren" (Gal 1,16); nichtsdestoweniger ging er zweimal nach Jerusalem, um das Evangelium, das er predigte, Petrus und anderen „Angesehenen" vorzulegen, „damit er nicht vergeblich laufe oder gelaufen sei" (Gal 2,1-2). – In der Geschichte der Kirche finden wir zahlreiche ähnliche Zeugnisse. Dadurch lernen wir, diejenigen, die mehr Erfahrung besitzen, um Beurteilung zu bitten, ob es sich in unserem Fall um reine Einbildung handelt, oder ob es Gnade ist, die uns von oben gewährt wurde. Wir halten Ausschau nach verlässlichen Zeugen, die wir nur in der Kirche finden können, deren jahrhundertelange Erfahrung unermesslich viel reicher und tiefer ist, als unsere eigene. So finden wir in früheren Zeiten die Apostel, die uns in den Evangelien und Episteln das Wissen, das sie direkt von Gott erhalten hatten, überliefert haben. Ihre Nachfahren waren im Laufe der Jahrhunderte die Väter (Kirchenlehrer und Asketen), die uns in erster Linie den Geist des Lebens selbst hinterließen, häufig, indem sie ihr Zeugnis schriftlich festhielten. Wir glauben, dass es möglich ist, zu jeder Zeit der Geschichte lebendige Zeugen zu finden; ja, bis ans Ende der Zeiten wird die Menschheit nie ohne echte Gotteserkenntnis bleiben. Nur dann, wenn unsere persönliche Erfahrung von höherer Instanz bestätigt ist, dürfen wir uns auf sie verlassen – und selbst dann nur mit Vorsicht. Unser Geist darf in seinem Aufschwung zu Gott nicht nachlassen. Und bei jedem Schritt ist es wesentlich, sich zu vergegenwärtigen, dass eine hochmütige Isolierung die Möglichkeit, gegen die Wahrheit zu sündigen, in sich birgt. Hören wir auch niemals auf, innig zum Heiligen Geist zu beten, dass er uns vor den Wegen des Irrtums bewahre.

Seit der Zeit der Apostel haben die Gläubigen in ihrem Gebet die Eine Realität des Einen Gottes in Vater, Sohn und Heiligem Geist gelebt. Die menschliche Sprache hat nie eine befriedigende logische Begrifflichkeit gefunden, die geeignet wäre, die spirituelle Erfahrung und Erkenntnis Gottes, so wie Er Selbst sie offenbarte, auszudrücken. Alle Begriffe, die neue Erkenntnis und neues Leben von Generation zu Generation weitergegeben haben, haben echte Gottesschau bis zu einem gewissen Grade immer verschleiert. Denken wir zum Beispiel an zwei Formulierungen zur Definition der Einheit. Diejenige, die wir öfters antreffen, unterstreicht die Einheit des Wesens: Gott wird verstanden als eine absolute Objektivität in drei absoluten Subjekten. Um die Betonung vom Wesen auf die Person zu verlagern – was mit der Offenbarung des ICH BIN eher im

Einklang steht – interpretiert die zweite Theorie das ICH BIN als ein absolutes Subjekt, welches in Sich Selbst das ICH, DU und WIR enthält. (Dies ist die Lehre, die Sergej Bulgakov in seinen Schriften entwickelt.) Die erste Formulierung, welche den Zweck verfolgt, die Fülle der Gottheit in jeder Hypostase aufzuzeigen, neigt sozusagen dazu, die drei aufzuteilen. Die zweite, welcher das personale Prinzip zugrunde liegt, führt zur Verschmelzung der Personen.

Die Kirche überwand das Unzureichende unserer Sprache, indem sie negative Begriffe benutzte, und lehrt uns, die Personen der Trinität zu erfahren, „ohne die Personen zu vermischen noch das Wesen zu teilen". Und wo es um die Frage der Inkarnation des Logos geht, wird die Formulierung noch komplexer durch die Zusätze: „nicht durch Umwandlung" (der Gottheit in Fleisch) und „ohne Trennung" (weil absolut Eins durch die Einheit der Person) (vgl. das Credo des Athanasius). So ist unser rationales Denken in einer Zwickmühle und kann sich, wie ein gekreuzigter Körper, weder der einen noch der anderen Seite zuneigen.

Kontemplation ist nicht eine Sache von verbalen Formulierungen, sondern von Erfahrung. Im reinen Gebet begegnet man dem Vater, dem Sohn und dem Heiligen Geist in ihrer wesensgleichen Einheit.

Das Evangelium sagt uns: „Also hat Gott die Welt geliebt, dass er seinen eingeborenen Sohn gab, auf dass alle, die an ihn glauben, nicht verloren werden, sondern das ewige Leben haben" (Joh 3,16). Der Heilige Geist führt uns in den Bereich der göttlichen Liebe ein, und wir erfahren diese Liebe nicht bloß, sondern wir fangen auch an zu verstehen, dass Gott, der Erste und Letzte, wäre er mono-hypostatisch (das heißt eine einzige Person), nicht Liebe sein könnte. Moses, der die Offenbarung des ICH BIN als einzelne Hypostase auffasste, gab seinem Volk das Gesetz. „Die Gnade und Wahrheit aber ist durch Jesus Christus geworden" (Joh 1,17). Die Trinität ist der Gott der Liebe: „Die Liebe des Vaters, die kreuzigt; die Liebe des Sohnes, die gekreuzigt wird; die Liebe des Heiligen Geistes, die den Sieg erringt" (Metropolit Philaret von Moskau). Jesus erkannte, „dass seine Zeit gekommen war, dass er aus der Welt ginge zum Vater. Und wie er die Seinen geliebt hatte, die in der Welt waren, so liebte er sie bis ans Ende" (Joh 13,1). So ist unser Gott. Und es gibt keinen anderen außer Ihm. Ein Mensch, der durch die Gabe des Heiligen Geistes den Atem Seiner Liebe erfahren hat, weiß mit seinem ganzen Wesen, dass solch eine Liebe dem Dreieinigen Gott, der uns als vollkommene Gestalt des Absoluten Seins offenbart wurde, zu eigen ist. Der mono-hypostatische Gott des Alten Testaments und – lange nach dem Neuen Testament – des Korans, kennt keine Liebe.

Lieben heißt für und in demjenigen leben, den wir lieben; sein Leben wird zu dem unseren. Liebe führt zur Einheit des Seins. Innerhalb der Trinität ist das der Fall: „Der Vater liebt den Sohn" (Joh 3,35). Er lebt im Sohn und im Heiligen Geist. Der Sohn „bleibt in der Liebe des Vaters" (Joh 15,10) und im Heiligen Geist. Und den Heiligen Geist kennen wir als vollkommene Liebe. Der Heilige Geist geht ewiglich vom Vater aus, lebt in Ihm und wohnt im Sohn. Diese Liebe vereint das göttliche Wesen vollständig in einem einzigen ewigen Akt. Auch die Menschheit muss diesem Modell entsprechend eins werden: „Ich und der Vater sind eins" (Joh 10,30); „auf dass sie alle eins seien, gleich wie du, Vater, in mir und ich in dir; dass auch sie in uns eins seien" (Joh 17,21).

Das Gebot Christi ist die Projektion der himmlischen Liebe auf die irdische Ebene. Wenn es unverfälscht verwirklicht wird, macht es das Leben der Menschheit dem Leben des Dreieinigen Gottes ähnlich. Man beginnt, dieses Geheimnis zu begreifen, wenn man für die ganze Welt wie für sich selber betet. In solchem Gebet erlebt man die Wesensgleichheit des menschlichen Geschlechts. Es ist unumgänglich, hierin nicht bei abstrakten Begriffen stehen zu bleiben, sondern zu existentiellen, das heißt ontologischen Kategorien vorzudringen.

Innerhalb der Trinität ist jede Hypostase Trägerin der Fülle des Göttlichen Seins und ist daher auf dynamische Weise mit der Trinität als Ganzer gleichrangig. Die Fülle der Gott-Menschheit zu erlangen ist gleichbedeutend damit, auf dynamische Weise der Menschheit in ihrer Gesamtheit gleich zu werden. Hierin liegt die wahre Bedeutung des zweiten Gebots, welches in der Tat „dem ersten gleich" (Mt 22,39) ist.

Die Gesamtheit der uns gegebenen Offenbarung ist unerschöpflich. Als geschaffene Wesen sind wir nicht in der Lage, das unerschaffene Höchste Wesen so vollständig zu erkennen, wie Gott Sich Selbst kennt. Der heilige Paulus sieht jedoch mit Hoffnung in die Zukunft: „Wir sehen jetzt wie durch einen Spiegel ... jetzt erkenne ich stückweise; dann aber werde ich erkennen, gleichwie ich erkannt bin" (1 Kor 13,12).

In der Geschichte der christlichen Welt können wir zwei deutlich verschiedene theologische Tendenzen beobachten: die eine, die schon seit Jahrhunderten existiert, besteht darin, die Offenbarungen über den

Dreieinigen Gott unserem Denken anzupassen; die andere ruft uns zur Umkehr auf, zu einer grundlegenden Änderung unseres gesamten Seins durch die Ausrichtung unseres Lebens nach dem Evangelium. Die erstere ist lobenswert und historisch sogar notwendig; wenn sie aber vom Leben abgeschnitten wird, ist sie zum Scheitern verurteilt. „Jesus sagte ..., wer mich liebt, der wird mein Wort halten; und mein Vater wird ihn lieben, und wir werden kommen und Wohnung bei ihm machen" (Joh 14,23). Das ist unser christlicher Weg zur vollkommenen Erkenntnis. Die Einwohnung des Vaters und des Sohnes und, mit Ihnen untrennbar verbunden, des Heiligen Geistes wird uns die wahre Gotteserkenntnis vermitteln.

Der heilige Symeon, der Neue Theologe (949-1022 n. Chr.), spricht in seiner 17. Hymne von den Blinden und Ungläubigen, welche die Lehre der Kirche ablehnen, die besagt, dass der unsichtbare und unvergängliche Schöpfer auf diese Erde gekommen ist und in sich die zwei Naturen (die göttliche und die geschaffene des Menschen) vereinigte, und die behaupten, dass niemand dies aus eigener Erfahrung gekannt, erlebt oder deutlich gesehen habe. In anderen Hymnen wiederholt der heilige Symeon mit allem Nachdruck, dass ihm solche Erfahrungen immer und immer wieder gewährt worden seien. Wenn das unvergängliche Licht Gottes sich dem Menschen mitteilt, wird der Mensch, wenn man sich so ausdrücken darf, gleichsam selber zu Licht. Die Vereinigung Gottes und des Menschen vollzieht sich in der Tat durch den Willen des Schöpfers, aber nicht, ohne dass beide sich dessen bewusst wären. Wäre diese Vereinigung nicht wahrnehmbar, dann – so der heilige Symeon – wäre es eine Vereinigung von Toten und nicht von Lebenden. Wie wäre es auch möglich, dass das ewige Leben in einen Menschen eindringen könnte, ohne dass er dies bemerken würde? Und er fährt fort: wie wäre es möglich, dass das Göttliche Licht wie ein Blitz in der Nacht oder wie die Sonne am helllichten Mittag in Herz und Geist des Menschen leuchtete und der Mensch sich eines solch grandiosen Geschehens nicht bewusst wäre? Indem Gott Sich mit seinem Abbild verbindet, gewährt Gott wahrhaftiges Wissen über Sich Selbst, so wie Er ist. Durch den Heiligen Geist wird mit dem Vater auch der Sohn erkannt. Und der Mensch schaut sie in dem Maße, in dem er dazu fähig ist.

Für uns Christen ist Jesus Christus das Maß aller Dinge, der göttlichen und der menschlichen. „In ihm wohnt die ganze Fülle der Gottheit leibhaftig" (Kol 2,9), und die der Menschheit. Er ist unser vollkommenstes

Ideal. In Ihm finden wir die Antwort auf alle unsere Probleme, die ohne Ihn unlösbar blieben. Er ist in der Tat die mystische Achse des Universums. Wäre Christus nicht der Sohn Gottes, so wäre das Heil als Adoption des Menschen durch Gott, den Vater, völlig unverständlich. Nur dadurch, dass das Prinzip der Vaterschaft in Ewigkeit – „von Anfang an" (vgl. Joh 1,1-14) – in der Gottheit vorhanden ist, wird eine Annahme an Kindesstatt durch unsere Ähnlichkeit mit dem eingeborenen Sohn des Vaters möglich. Die Worte Christi: „Niemand kommt zum Vater, denn durch mich" (Joh 14,6) haben eine absolute Bedeutung. Einzig und allein mit Ihm kann der Mensch in die göttliche Ewigkeit eindringen.

III. DAS RISIKO DER SCHÖPFUNG

Etwas Neues zu schaffen, ist immer ein Glücksspiel, und Gottes Erschaffung des Menschen nach seinem Bild und Gleichnis beinhaltete einen gewissen Grad an Risiko. Keineswegs in dem Sinne, dass Gott riskierte, ein Element der Unbeständigkeit oder Widersprüchlichkeit in Sein ewiges Sein einzuführen, sondern Er verschloss dadurch, dass Er dem Menschen eine gottähnliche Freiheit gewährte, die Tür für jede Vorherbestimmung gleich welcher Art. Der Mensch besitzt vollständige Freiheit, sich in seiner Beziehung zu Gott negativ zu bestimmen und sogar mit Ihm in Konflikt zu treten. Indessen kann der himmlische Vater als Unendliche Liebe den Menschen, den Er für die Ewigkeit geschaffen hat, um ihm an Seiner göttlichen Fülle Anteil zu geben, nicht verlassen. Er lebt unsere menschliche Tragödie zusammen mit uns. Wir erkennen dieses atemberaubende Risiko in seiner majestätischen Größe, wenn wir das Leben Christi auf Erden betrachten.

Nach einem eingehenden Studium von Michelangelos „Jüngstem Gericht" in der Sixtinischen Kapelle entdeckte ich in dem Fresko eine – teilweise – Analogie mit meiner Auffassung von der Erschaffung der Welt. Schauen Sie Christus in diesem Fresko und betrachten Sie die Geste, die Er macht. Wie ein Champion schleudert er alle diejenigen in den Abgrund, die es gewagt haben, sich Ihm zu widersetzen. Die gesamte Oberfläche wimmelt von Engeln und Menschen, die vor Furcht zittern. In einer kosmischen Weite schwebend, sind alle nicht so sehr mit ihrer eigenen Lage beschäftigt, als mit dem Zorn Christi. Er steht im Zentrum, und sein Zorn ist schrecklich. Dies ist mit Sicherheit nicht, wie ich Christus sehe. Michelangelo besaß große Genialität, allerdings nicht für liturgische Inhalte.

Rekonstruieren wir das Fresko einmal: Natürlich muss Christus im Zentrum sein, aber ein anderer Christus, einer, der mehr der Offenbarung entspricht, die wir von Ihm haben: ein überaus machtvoller Christus, mächtig aber in der Kraft der demütigen Liebe. Seine Geste ist nicht rachsüchtig; indem Er uns als freie Wesen schuf, sah Er die Möglichkeit, vielleicht sogar die Unausweichlichkeit der Tragödie des menschlichen Sündenfalls voraus. Indem Er uns aus dem finsteren Abgrund des Nicht-Seins hervorruft, wirft uns Seine schicksalhafte Gebärde in den geheimnisvollen Bereich des kosmischen Lebens. „Er, der überall ist und alles erfüllt", bleibt uns immer nahe. Er liebt uns trotz unserer unvernünftigen Handlungsweise. Er sucht uns auf und ist immer bereit, auf unseren Hilfeschrei zu antworten, bereit, unsere unsicheren Schritte durch alle Hindernisse hindurch zu lenken, die auf unserem Wege liegen. Er respektiert uns, als stünden wir mit Ihm auf einer Ebene. Seine letzte und endgültige Absicht uns gegenüber ist es, uns in Ewigkeit als Seinesgleichen zu sehen, als Seine Freunde und Brüder – als die Söhne des Vaters. Er trachtet danach und verlangt danach. Solcherart ist unser Christus; und Er hat sich als Mensch zur Rechten des Vaters gesetzt.

Im Anfang schafft Gott unseren Geist als reine Potenzialität. Was danach folgt, ist bereits nicht mehr ganz von Ihm abhängig. Der Mensch ist frei, nicht einverstanden zu sein, ja sich Gott sogar zu widersetzen. Es entsteht eine Situation, in der wir selbst unsere ewige Zukunft bestimmen – immer allerdings in Bezug auf Ihn, denn ohne Ihn würden wir nicht einmal existieren. Und wenn wir eine geheiligte Ewigkeit suchen, die in Wirklichkeit nur in Ihm zu finden ist, dann darf jede unserer Handlungen und all unser schöpferisches Wirken ganz sicher nicht von Ihm getrennt stattfinden, sondern muss mit Ihm gemeinsam und in Ihm vollzogen werden.

Unser Geist, der als reine Potenzialität geschaffen wurde, muss sich entwickeln, um unser Sein als Hypostase zu verwirklichen. Das heißt, wir müssen wachsen, und dies ist mit Schmerz und Leid verbunden. Wie seltsam es auch erscheinen mag, für das aus dem Nichts geschaffene Leben ist Leid zu seiner Erhaltung notwendig. Würden Tiere keinen Hunger empfinden, würden sie auch keinerlei Anstrengung unternehmen, um Futter zu finden, sondern würden sich einfach hinlegen und sterben. Ebenso zwingt brennendes Unbehagen den primitiven Menschen, sich auf die Suche nach Nahrung zu machen. Während er dann in der rationalen Erkenntnis fortschreitet, enthüllt das Leiden seinem Verstand, der über die Dinge nachdenkt, sowohl seine eigene Unvollkommenheit als auch die seiner Umgebung. Dies zwingt ihn, einzusehen, dass eine neue Form schöpferischer Anstrengung notwendig ist, um das Leben in all seinen Erscheinungsformen zu vervollkommnen. In einem weiteren Stadium kann er dann zu einer gewissen Wahrnehmung des Höchsten Wesens gelangen, die in seiner Seele den Wunsch wecken wird, Es besser kennenzulernen. Und so weiter, bis er begreift, dass dies Ursprünglich Seiende, dem er seine Achtung anfangs aus Angst zollte, eine Begegnung nicht verweigert. Im Licht dieses Kontaktes erweist sich der Tod als eine Absurdität, deren bloße Möglichkeit mit allem Nachdruck bekämpft werden muss. Die Geschichte hat gezeigt, dass viele von denen, die diesen Kampf unermüdlich geführt haben, sogar noch zu ihren Lebzeiten im Geiste das ewige Königreich des Lebendigen Gottes wahrnehmen durften und vom Tode zum ewigen Leben im Licht des göttlichen Seins hinübergelangt sind.

Betrachten wir noch einmal die dramatische Geste „unseres" Christus, wie Er den Menschen, den Er frei geschaffen hat, wie einen wunderbaren Samen in die für ihn vorbereitete Welt wirft. Die Gebärde ist die eines Menschen, der die Saat in die gepflügte Erde sät.

Der Eckstein unserer christlichen Theologie ist die Offenbarung: „Im Anfang war das Wort, und das Wort war bei Gott, und Gott war das Wort. ... Alle Dinge sind durch dasselbe gemacht, und ohne dasselbe ist nichts gemacht, was gemacht ist. In ihm war das Leben ..." (Joh 1,1.3.4). Dagegen behauptet unsere heutige Wissenschaft, dass am Anfang Wasserstoff war und dass alles andere sich in einem Milliarden von Jahren dauernden Prozess aus diesem Atom entwickelt hat. Die wissenschaftlichen Prinzipien – die Objektivierung des Kosmos in Verbindung mit objektiver Erkenntnis – können nur in den Fällen angewendet werden, in denen die Naturgesetze absolut überwiegen. Es bleibt unklar, auf welcher Basis viele Wissenschaftler die Möglichkeit anderer – freier, nicht festgelegter – Existenzformen verwerfen. Wir wissen, dass das Ursprüngliche Sein außerhalb der Jagdgründe der Wissenschaft liegt, die nicht einmal imstande ist, über die Bedeutung unserer Existenz Aussagen zu machen.

Auf jeden Fall können wir mit diesen beiden so grundverschiedenen Geistesrichtungen im Sinn zwei einander entgegengesetzte Tendenzen in der Menschenseele beobachten: Da sind einerseits jene, die das mit dem irdischen Leben verbundene Leiden verabscheuen, weil es ihnen sinnlos erscheint, und die infolge dessen die Existenz als solche ablehnen; diese fühlen sich eigenartigerweise zu der vagen Stille des Nicht-Seins hingezogen. Andere dagegen versuchen, Christus nachzufolgen, unsere irdische Schwachheit zu überwinden und die göttliche Ewigkeit zu erlangen. In dem Bemühen, tiefer in die Geheimnisse des ungeschaffenen Seins einzudringen, benutzen sie Mittel und Methoden, die seltsam, ja absurd erscheinen mögen: „Wir wollen lieber nicht entkleidet, sondern überkleidet werden, damit das Sterbliche verschlungen werde von dem Leben" (2 Kor 5,4) – das Gegenteil der metaphysischen und asketischen Doktrin der Seins-Entäußerung.

Wir Christen nehmen die wunderbare Gabe des Lebens in Dankbarkeit an. Als von Christus Gerufene, trachten wir nach einer möglichst vollkommenen Erkenntnis der Urquelle dessen, was ist. Von unserer Geburt an wachsen wir und ergreifen allmählich Besitz vom Sein. Christus ist für uns „der Weg, die Wahrheit und das Leben" (Joh 14,6). Mit Ihm führt unser Weg durch eine großartige und komplexe spirituelle Kultur: wir überqueren kosmische Abgründe, und dies oft mit vielen Leiden, aber nicht selten (in dem Maße, in dem unser Verständnis zunimmt) auch in einem Zustand der Entrückung. Eine Weile ist dieser Wachstumsprozess mit unserem physischen Leib verbunden, aber bald kommt die Zeit, wo Geist und Verstand von den irdischen Fesseln befreit ihren Weg zum Himmlischen Vater hin fortsetzen können. Wir wissen, dass Er uns liebt und Sich uns aufgrund dieser Liebe unbegrenzt offenbart. Auch wenn es nur bruchstückhaft ist, wissen wir doch, dass in Ihm unsere Unsterblichkeit liegt. In Ihm werden wir zur unvergänglichen Wahrheit gelangen. Er wird uns die unbeschreibliche Freude gewähren, am Akt selbst der Schöpfung der Welt teilzuhaben. Wir hungern nach vollkommener Einheit mit Ihm. Er ist Licht, Schönheit, Weisheit, Liebe. Er verleiht unserem Leben seinen alleredelsten Sinn und die Seligkeit grenzenloser Erkenntnis.

Die Form von personalem Sein, welche wir bei der Geburt empfangen – eines Seins als Potenzialität, die wir zum Teil schon verwirklicht haben – könnte sich niemals nur vom Wasserstoffatom aus entwickeln, in wieviel Myriaden von Jahren auch immer und ganz gleich, welche unerklärlichen und unvorhergesehenen Zufälle sich ereignen. Zu gewaltig ist der ontologische Abstand zwischen dem atomaren Zustand des materiellen Seins und dem Seinszustand, den wir schon innehaben und der, dessen sind wir gewiss, vervollkommnet und vollendet werden wird.

Für uns Christen ist es natürlich, im Licht des Akzents, den das Evangelium auf unsere persönliche Beziehung zu Gott legt, gemeinsam nachzudenken. Wenn der Heilige Geist in uns Wohnung nimmt und uns gewährt, die uns von Christus gebotene Liebe zu verwirklichen, wissen wir in unserem tiefsten Inneren, dass dies der einzig normale Zustand für unseren unsterblichen Geist ist und dass wir in diesem Zustand die göttliche Universalität Christi und Seiner Gebote erfassen. Dies ist die Wahrheit, jene, die in unserem Herzen oder Verstand keinerlei Raum für Zweifel lässt. Das ist das Heil, das uns die Kirche lehrt. (Ich spreche hier nicht vom ethischen, sondern vom ontologischen Gehalt des Evangeliums.) Diese Liebe ist wesentlich ein göttlicher Akt, dessen Kraft in Ewigkeit niemals nachlässt, sondern in seiner Fülle dauert.

Als Er unsere Natur in ihrem gefallenen Zustand annahm, stellte Christus, der Logos des Vaters, sie so wieder her, wie sie vordem war und auf immer im Schöpferwillen des Vaters besteht. Die Menschwerdung des Eingeborenen Sohnes ist die Erscheinung des Göttlichen in unserer Existenzform. So ist also das Geheimnis des Weges zum Heil offenbar geworden.

Oh GOTT VATER, der Du immerdar gesegnet bist
und uns zur Ewigen Herrlichkeit in Jesus Christus
berufen hast,
Ihm, der sündelos die Sünde der Welt
getragen hat,
und Sein Leben ans Kreuz hingab,
auf dass wir immerdar leben mögen;
Der in der Schwachheit unseres Fleisches
das Bild Deiner Vollkommenheit kundgetan hat;
Wir bitten Dich, allheiliger Vater,
erfülle uns mit Deiner Kraft aus der Höhe,
damit wir Ihm nachfolgen können.

*Mache uns gut und Deinem Sohne gleich,
damit in dieser überheblichen und unbeständigen Zeit
der Weg Deiner Wahrheit keine Lästerung erleide wegen
unserer Irrtümer
noch durch die Söhne des Widersachers entweiht werde.*

IV. DIE TRAGÖDIE DES MENSCHEN

Die Tragödie unserer Zeit liegt in unserer nahezu völligen Ignoranz oder Achtlosigkeit gegenüber der Tatsache, dass es zwei Reiche gibt: das zeitliche und das ewige. Wir möchten ein Himmelreich auf Erden bauen und verwerfen jegliche Vorstellung von einer Auferstehung oder Ewigkeit. Die Auferstehung ist somit ein Mythos, und Gott ist tot.

Gehen wir zurück zur biblischen Offenbarung, zur Erschaffung von Adam und Eva und dem Problem der Erbsünde. „Gott ist Licht und in ihm ist keine Finsternis" (1 Joh 1,5). Das Gebot, welches dem ersten Menschen im Paradies gegeben wurde, weist darauf hin, und vermittelt gleichzeitig, dass trotz der absoluten Freiheit, die Adam besaß, die Wahl, vom Baum der Erkenntnis des Guten und Bösen zu essen, einen Bruch mit Gott als der alleinigen Quelle des Lebens zur Folge haben würde. Indem er sich für die Erkenntnis des Bösen entschied, das heißt mit anderen Worten, indem er sich seinsmäßig mit dem Bösen einließ und sich am Bösen ergötzte, brach Adam unweigerlich mit Gott, der auf keine Weise mit dem Bösen verbunden werden kann (siehe 2 Kor 6,14-15). Indem er sich von Gott lossagt, stirbt Adam: „An dem Tage, an dem du davon isst" und auf diese Weise die Gemeinschaft mit mir löst, meine Liebe, mein Wort und meinen Willen verwirfst, „musst du sterben" (Gen 2,17). Wie genau Adam die Frucht vom Baum der Erkenntnis des Guten und Bösen zu sich nahm, ist unwichtig. Seine Verfehlung bestand darin, dass er an Gott zweifelte, dass er danach trachtete, sein Leben unabhängig von Gott zu bestimmen, ja, nach dem Muster Luzifers, sogar getrennt von Ihm. Hierin liegt das Wesen der Sünde Adams, es war ein Schritt auf die Selbstvergöttlichung zu. Adam konnte natürlich nach Vergöttlichung streben, er war ja nach dem Bilde Gottes geschaffen – er sündigte aber, indem er die Vergöttlichung nicht in Einheit mit Gott suchte, sondern mit Ihm brach. Die Schlange betörte Eva, die Gehilfin, die Gott für Adam geschaffen hatte, indem sie ihr einflüsterte, Gott habe ein Verbot erlassen, welches ihre Freiheit beeinträchtige, die göttliche Fülle der Erkenntnis zu suchen – Gott sei nicht willens, dass sie „wie Götter seien, indem sie gut und böse kennen" (Gen 3,5).

Dem Begriff der Tragödie bin ich nicht zuerst in meinem Leben begegnet, sondern in der Literatur. In meiner Jugend meinte ich, dass der Same für eine Tragödie dann gesät wird, wenn der Mensch völlig von einem Ideal gefangen genommen ist. Um dieses Ideal zu erreichen, riskiert er jedes nur mögliche Opfer, jedes Leid, ja sogar sein Leben. Aber wenn es geschieht, dass er den Gegenstand seines Trachtens tatsächlich erlangt, entpuppt sich dieser als eine enttäuschende Fata Morgana: die Wirklichkeit entspricht nicht dem, was er im Sinne hatte. Diese traurige Entdeckung führt zu einer tiefen Verzweiflung, zu einem verletzten Geist, zu einem schrecklichen Tod.

Verschiedene Menschen haben verschiedene Ideale. Da ist zum Beispiel der Hunger nach Macht, wie bei Boris Godunov. Um sein Ziel zu erreichen, schreckte er auch nicht davor zurück, Blut zu vergießen. Als er Erfolg hatte, musste er feststellen, dass er nicht das bekommen hatte, was er erhoffte: „Ich habe den Höhepunkt der Macht erreicht, aber meine Seele kennt keine Freude." Obgleich die Ziele des Geistes ein edleres Streben hervorrufen, erkennt das Genie auf dem Gebiet der Wissenschaft oder der Kunst früher oder später seine Unfähigkeit, die ursprüngliche Vision zu verwirklichen. Wieder ist der logische Ausweg der Tod.

Das Los der Welt beunruhigte mich zutiefst. Auf welcher Entwicklungsstufe auch immer war das Leben unweigerlich mit Leid verknüpft. Sogar die Liebe war voller Widersprüche und bitterer Krisen. Alles trug den Stempel der Zerstörung und des Todes.

Ich war noch ziemlich jung, als die tragischen geschichtlichen Ereignisse bei weitem alles übertrafen, was ich in Büchern gelesen hatte. (Ich meine hier den Ausbruch des Ersten Weltkrieges, dem bald die Russische Revolution folgte.) Die Hoffnungen und Träume meiner Jugend brachen zusammen. Gleichzeitig aber tat sich vor mir eine neue Sicht der Welt und ihrer Bedeutung auf. Neben der Verwüstung schaute ich Neugeburt. Ich begriff, dass es in Gott keine Tragödie gibt. Tragödien finden nur im Los von Menschen statt, deren Blick nicht über die Grenzen dieser Erde hinausgeht. Christus selbst versinnbildlicht keinesfalls die Tragödie. Seine den Kosmos umspannenden Leiden sind nicht tragischer Natur. Und auch der Christ, der die Gabe der Liebe Christi empfangen hat, entrinnt dem Alptraum eines alles verschlingenden Todes, obwohl er sich vollauf bewusst ist, dass diese Liebe noch nicht vollkommen ist. Die Liebe Christi war während der ganzen Zeit, die er bei uns weilte, akutes Leiden: „Oh du ungläubiges und verderbtes Geschlecht", rief Er aus, „wie lange soll ich bei euch sein, wie lange soll ich euch ertragen?" (Mt 17,17). Er weinte um Lazarus und seine Schwestern (Joh 11,35). Die Hartherzigkeit der Juden, die ihre Propheten ermordeten, verwundete Ihn (Mt 23, 37). In Gethsemane war seine Seele über die Maßen, ja „bis an den Tod betrübt" (Mt 26,38) und „sein Schweiß war wie Blutstropfen, die auf die Erde fielen" (Lk 22,44). Er lebte die Tragödie der ganzen Menschheit; aber in Ihm Selbst fand sich keine Tragödie. Dies wird aus den folgenden Worten deutlich, die Er zu seinen Jüngern sprach – vielleicht nur einen kurzen Moment vor seinem erlösungsmächtigen Gebet für die gesamte Menschheit im Garten Gethsemane: „Meinen Frieden gebe ich euch" (Joh 14,27). Und etwas weiter: „Ich bin nicht allein, denn der Vater ist bei mir. Dies habe ich zu euch geredet, damit ihr in mir Frieden habt. In der Welt habt ihr Angst, aber seid getrost, ich habe die Welt überwunden" (Joh 16,32-33). So geht es auch dem Christen: trotz allen tiefen Mitleids, aller Tränen und Fürbitten für die Welt, ist da keine zerstörerische Verzweiflung in ihm. Er ist sich des Atems des Heiligen Geistes bewusst und weiß um den sicheren Sieg des Lichts. Die Liebe Christi ist auch unter den allerheftigsten auferlegten Leiden (ich würde von der „Hölle der Liebe" sprechen) frei von Leidenschaften, da sie ewig ist. Bis wir absolute Freiheit von den irdischen Leidenschaften erlangen, können Leid und Mitleid den Körper zermürben, aber es wird nur der Leib sein, der abstirbt: „Fürchtet euch nicht vor denen, die den Leib töten, doch die Seele nicht töten können" (Mt 10,28).

Wir dürfen behaupten, dass die gesamte Menschheit bis heute noch nicht zum Christentum herangereift ist und noch immer eine fast animalische Existenz führt. Indem wir es ablehnen, Christus als den ewigen Menschen und, was noch wesentlicher ist, als wahren Gott und Erlöser anzunehmen, ganz gleich, in welcher Form und unter welchem Vorwand diese Verweigerung geschieht, verlieren wir das Licht des ewigen Lebens. „Vater, ich will, dass auch sie, die du mir gegeben hast, bei mir seien, wo ich bin, damit sie meine Herrlichkeit sehen, die du mir gegeben hast, denn du hast mich geliebt, ehe denn der Grund der Welt gelegt war" (Joh 17,24). Dort, im Reich des Vaters und des Sohnes und des Heiligen Geistes muss unser Geist verweilen. Wir müssen danach hungern und dürsten, in dieses wunderbare Königreich einzugehen. Dann werden wir in uns selbst die Sünde überwinden, die darin besteht, des Vaters Liebe, wie sie uns durch Seinen Sohn offenbart wurde, abzulehnen (Joh 8,24). Wenn wir uns für Christus entscheiden, werden wir über Zeit und Raum hinausgetragen, unerreichbar für das, was man ‚Tragödie' nennt.

In dem Moment, da uns der Heilige Geist gewährt, die hypostatische Form des Gebets zu erkennen, können wir anfangen, die Bande abzulegen, die uns in Fesseln halten. Wenn wir aus der Gefängniszelle unseres ‚selbstischen' Individualismus in die weiten Dimensionen eines Lebens nach dem Bilde Christi eintauchen, verstehen wir die Natur des im Evangelium vermittelten ‚Personalismus'. Wir wollen einen Augenblick innehalten, um den Unterschied zwischen den beiden Begriffen „individuum" und „persona" zu betrachten: Es ist eine wohlbekannte Tatsache, dass das Ego die Waffe ist im Existenzkampf des Individuums, das den Ruf Christi ablehnt, sein Herz einer totalen und universellen Liebe zu öffnen. Die „persona" hingegen ist unvorstellbar ohne allumfassende Liebe, sowohl in Bezug auf das göttliche als auch auf das menschliche Wesen. Andauernde und bei weitem nicht leichte Anstrengungen sind imstande, unsere Augen für die Liebe zu öffnen, die Christus gelehrt hat, und wir können dann durch uns selbst, durch unsere eigenen Leiden und unser Suchen die ganze Welt verstehen. Wir werden quasi wie ein weltweiter Radioempfänger und können uns selbst mit dem tragischen Element nicht nur im Leben einzelner Menschen, sondern dem der ganzen Welt identifizieren. Dann beten wir für die Welt, wie für uns selbst. In dieser Art von Gebet schaut der Geist die Abgründe des Bösen, die schreckliche Konsequenz dessen, dass wir vom „Baum der Erkenntnis von Gut und Böse" gegessen haben. Aber es ist nicht nur das Böse, was wir sehen – wir kommen auch mit dem absoluten Gut, mit Gott, in Berührung, der unser Gebet in eine Schau des Ungeschaffenen Lichts verwandelt. Die Seele kann dann die Welt, für die sie betet, vergessen und das Körperbewusstsein verlieren. Das Gebet der Göttlichen Liebe wird unser eigentliches, wahres Sein, unser Leib. Unsere Seele mag in diese Welt zurückkehren. Doch der Geist des Menschen, der diese Auferstehung erfahren hat und existenzhaft der Ewigkeit nahegekommen ist, ist um so fester davon überzeugt, dass Unglück und Tod die Folge der Sünde sind und dass es keinen anderen Weg zum Heil gibt, als Christus.

V. KONTEMPLATION

Was ist das Wesen christlicher Kontemplation? Wie entsteht sie und wohin führt sie? Wer oder was wird geschaut und auf welche Weise?
Wie man mich gelehrt hat, beginnt die wahre Kontemplation in dem Augenblick, da wir uns der Sünde in uns bewusst werden. Das Alte Testament verstand Sünde als Bruch der moralischen und religiösen Vorschriften des Mosaischen Gesetzes. Das Neue Testament übertrug den Begriff der Sünde auf den inneren Menschen. In sich selbst die Sünde zu entdecken, ist ein spiritueller Akt, der ohne Gnade, ohne den Beistand des göttlichen Lichts nicht möglich ist. Das Kommen dieses geheimnisvollen Lichts bewirkt vorerst, dass wir uns bewusst werden, wo wir im gegebenen Moment ‚geistlich' stehen. Das erste Erscheinen dieses ungeschaffenen Lichts erlaubt uns nicht, es als Licht zu erfahren. Es leuchtet auf verborgene Weise, indem es die Dunkelheit unserer inneren Welt erleuchtet und ein Bild aufdeckt, das für uns in unserem normalen Zustand des gefallenen Seins alles andere als erfreulich ist. Wir haben das Gefühl, in Brand zu stehen. Das ist der Anfang der wahren Kontemplation, die mit intellektueller oder philosophischer Kontemplation nichts gemein hat. Uns wird auf stechende Weise bewusst, dass die Sünde eine Absonderung von der ontologischen Quelle unseres Seins ist. Unser Geist ist ewig, nun aber sehen wir uns als Gefangene des Todes. Wenn am Ende der Tod auf uns wartet, dann wären auch tausend Lebensjahre nichts weiter als ein trügerischer Funke.

Sünde ist nicht eine Verletzung ethischer Normen der menschlichen Gesellschaft oder irgendeiner legalen Instanz. Sünde trennt uns von dem Gott der Liebe, der uns als Licht, in welchem keine Finsternis ist (1 Joh 1,15), offenbart wurde. Seinen erbarmungswürdigen Zustand wahrzunehmen, ist eine himmlische Gabe, und zwar eine der größten. Es bedeutet nichts anderes, als dass wir bereits zu einem gewissen Grade in die göttliche Sphäre eingedrungen sind und begonnen haben – und zwar existenziell und nicht philosophisch – den Menschen so zu sehen, wie er schon vor der Erschaffung der Welt von Gott gedacht ist.

Das Entsetzen, sich selbst zu sehen, wie man wirklich ist, wirkt wie ein verzehrendes Feuer. Je gründlicher das Feuer sein läuterndes Werk tut, desto qualvoller ist unser spiritueller Schmerz. Doch gibt uns das unsichtbare Licht auf unerklärliche Weise ein Empfinden göttlicher Gegenwart in uns: eine seltsame, geheimnisvolle Gegenwart, die uns zu sich zieht, in einen Zustand der Kontemplation, von dem wir wissen, dass er echt ist, weil unser Herz Tag und Nacht im Gebet zu pulsieren beginnt. Man kann es nicht oft genug wiederholen, dass das göttliche Tun eine zwiefache Bewegung beinhaltet: die eine, die uns die erste zu sein scheint, stürzt uns in Finsternis und Leiden; die andere erhebt uns zu den großartigen Sphären der göttlichen Welt. Die Dimensionen unseres Innenlebens weiten sich aus und wachsen. Wenn allerdings die Abwärtsbewegung überwiegt, entringt sich uns der Schrei: „Furchtbar ist es, in die Hände des lebendigen Gottes zu fallen" (Hebr 10,31).

Anfangs begreifen wir nicht, was uns geschieht. Alles ist neu. Erst später und allmählich fangen wir an, diese Gabe Gottes zu erkennen. Christus sagte zu Petrus: „Was ich tue, verstehst du jetzt nicht, aber du wirst es hernach verstehen" (Joh 13,7). Die Seele ist beeindruckt, sowohl angezogen als auch erschreckt von der ihr offenbarten Welt, die das Herz noch nicht kannte. Wie können wir die Angst beschreiben, die wir bei dem Gedanken empfinden, Gott wieder zu verlieren, der so unerwartet bei uns eingekehrt ist und unser Leben reich gemacht hat? Das Erschauern bei dem Gedanken, in die finstere Grube zurückkehren zu müssen, in der wir existierten, bis Gott zu uns kam, weckt in uns das Verlangen, uns von allem zu reinigen, was den Geist Gottes daran hindern könnte, für alle Ewigkeit seinen Aufenthalt in uns zu nehmen. Dieses Entsetzen ist so intensiv, dass es eine allumfassende Bußfertigkeit in uns auslöst.

Reuevolle Umkehr entsteht nicht leicht im fleischlichen Menschen; denn niemand von uns ist fähig, das Problem der Sünde zu ergründen, das sich einzig und allein durch Christus und den Heiligen Geist erschließt. Das Kommen des Heiligen Geistes ist ein Geschehen von äußerster Wichtigkeit. Der gefallene Mensch begegnet dem Allheiligen Gott. Der Begriff der Sünde ist nur dort möglich, wo Gott als absolute Hypostase gesehen wird. Ebenso ist die Umkehr von der Sünde nur da möglich und angebracht, wo eine persönliche Beziehung besteht.

Begegnung mit dem persönlichen Gott – das ist die Bedeutung dieses Geschehens. Der sündhafte Mensch erfährt gleichzeitig Furcht und Frohlocken. Es ist eine neue Geburt „von oben". Eine wunderbare Blüte kommt in uns zur Entfaltung: die Hypostase – die ‚persona'. Ebenso wie das Reich Gottes, kommt auch die ‚persona' „nicht so, dass man es beobachten kann" (Lk 17,20). Der Prozess, durch den der menschliche Geist in den Bereich der göttlichen Ewigkeit eintritt, ist bei jedem Einzelnen verschieden.

Die Seele gelangt erst und vor allem zur Erkenntnis ihrer selbst, wenn sie Gott von Angesicht zu Angesicht gegenüber steht. Die Tatsache, dass ein solches Gebet die Gabe Gottes ist, der in uns betet, zeigt, dass die ‚persona' von oben geboren und somit nicht den Naturgesetzen unterworfen ist. Die ‚persona' transzendiert die irdischen Begrenzungen und bewegt sich in anderen Sphären. Man kann die Personen nicht zählen oder addieren: jede ist besonders und einzigartig.

Das Absolute Sein ist hypostatisch; und der Mensch, das Bild des Absoluten, ist ebenfalls hypostatisch. Gott ist Geist, und ebenso ist auch die Hypostase Mensch Geist; Geist aber, der nicht beziehungslos und abstrakt ist, sondern dem durch den körperhaften Leib konkreter Ausdruck gegeben ist. Genauso, wie der Göttliche Logos menschliche Gestalt angenommen hat und dadurch zeigte, dass Gott kein Gebilde der menschlichen Einbildung ist – erzeugt durch dumpfe Angst vor unbekannten Erscheinungen, sondern tatsächlich Wirklichkeit, ebenso ist auch die menschliche Hypostase echte Realität. Der Geist Gottes umfängt alles, was existiert. Der Mensch als Hypostase ist ein Prinzip, das die Vielfalt des kosmischen Seins in sich vereinigt und fähig ist, die Fülle des göttlichen und des menschlichen Lebens gleichzeitig zu enthalten.

Die ‚persona' definiert sich nicht durch Opposition. Ihre Haltung ist Liebe. Liebe ist der allertiefste Inhalt ihres Wesens, der edelste Ausdruck ihres Seins. In dieser Liebe liegt die Ebenbildlichkeit mit Gott, der selbst Liebe ist. Die ‚persona' ist in sich von einer alle anderen kosmischen Werte übersteigenden Erhabenheit. Der Mensch schaut die göttliche Welt und frohlockt über die Freiheit, die er entdeckt hat.

Wissenschaftliches und philosophisches Wissen lässt sich in Formeln ausdrücken, die ‚persona' aber ist jenseits aller Definition und ist daher von außen her nicht zu erkennen, solange sie selbst sich nicht offenbart. Da Gott ein geheimnisvoller Gott ist, hat auch der Mensch geheimnisvol-le Tiefen. Er ist weder der Urheber noch das Ende der Existenz; Gott – nicht der Mensch – ist das Alpha und Omega. Die gottähnliche Beschaffenheit des Menschen liegt in seiner Seinsweise. Die Ähnlichkeit im Sein ist jene Ähnlichkeit, von der die Heilige Schrift spricht.

Oh Heilige Dreieinigkeit, Vater, Sohn und Heiliger Geist –
Oh Höchster Gott, König und Schöpfer aller Ewigkeit,
Der Du uns Deines Göttlichen Bildes gewürdigt hast,
und in die sichtbare Form unserer Natur das Gleichnis
Deines unsichtbaren Wesens eingeschrieben hast:
Gewähre uns, Gnade und Barmherzigkeit
vor Deinem Angesicht zu finden, auf dass wir Dich verherrlichen
am unvergänglichen Tage Deines Reiches,
zusammen mit allen Deinen Heiligen von Anbeginn.

Wenn unser Geist in sich selbst das „Bild und Gleichnis" Gottes betrachtet, wird er mit der unendlichen Erhabenheit des Menschen konfrontiert, und nicht wenige von uns – ja, wohl die Mehrzahl – werden von Furcht über die eigene Verwegenheit erfüllt.

Im Göttlichen Wesen bildet die Hypostase das innerste ontologische Prinzip. Gleicherweise ist die Hypostase im menschlichen Wesen das zutiefst grundlegende Element. Die ‚persona' ist „der verborgene Mensch des Herzens, im unvergänglichen Schmuck ... köstlich vor Gott" (1 Petr 3,4) – der kostbarste Kern des gesamten menschlichen Seins, der sich in seiner Fähigkeit zur Selbsterkenntnis und Selbstbestimmung manifestiert, wie auch im Besitz schöpferischer Energie und in der Gabe, nicht nur die geschaffene, sondern auch die göttliche Welt zu erkennen. Von Liebe verzehrt, fühlt sich der Mensch mit seinem geliebten Gott verbunden. Durch diese Vereinigung erkennt er Gott, und auf diese Weise verschmelzen Liebe und Erkenntnis zu einem einzigen Akt.

Gott offenbart sich – in erster Linie durch das Herz – als Liebe und Licht. In diesem Licht erkennt der Mensch die Gebote des Evangeliums als Abbild der himmlischen Ewigkeit auf Erden und schaut die Herrlichkeit Christi als die des Eingeborenen Sohnes des Vaters – jene Herrlichkeit, welche die Jünger auf dem Berg Tabor erblickten. Durch die persönliche Offenbarung wird uns die allgemeine Offenbarung des Neuen Testaments spirituell vertraut.

Diese Offenbarung kann unerwartet gewährt werden. Doch kann der Mensch sie sich – obschon er sie überraschend empfangen hat – nur stufenweise und nach langem asketischen Ringen zu eigen machen. Vom ersten Moment an ist der wesentliche Gehalt der Offenbarung klar, und die Seele verspürt kein Bedürfnis, die erfahrene Gnade in rationalen

Begriffen zu erklären. Aber sie trachtet in der Tat nach immer tieferer Einsicht.

Die göttliche Natur dieser persönlichen Schau ist überraschend authentisch, auch wenn sie mit Worten kaum mitteilbar ist. Die Erkenntnis aber, die sie bringt, hat einen objektiven Charakter eigener Art, den wir durch die Jahrhunderte im Leben vieler Menschen, deren Erfahrung und Selbstbestimmung weitgehend übereinstimmen, immer wieder beobachten können. „Wo zwei oder drei versammelt sind" – dort haben wir Objektivität. „Es ist uns unter dem Himmel kein anderer Name gegeben, in dem wir gerettet werden sollen" (Apg 4,12), hat Petrus kategorisch dem Sanhedrin erklärt. Johannes sprach von dem, „was von Anfang an war, was wir gehört haben, was wir gesehen haben mit unseren Augen, was wir betrachtet haben und unsere Hände betastet haben, vom Worte des Lebens" (1 Joh 1,1). Und Paulus, der sagt, dass wir gegenwärtig „nur zum Teil" wissen (1 Kor 13,12), gebietet nichtsdestoweniger: „Wenn euch irgend jemand ein anderes Evangelium verkündet, als das, welches wir euch gepredigt haben, der sei verflucht", auch wenn es „ein Engel vom Himmel wäre" (Gal 1,8-9).

Als Liebe verlangt die Hypostase nach anderen Hypostasen. Wir sehen dies an der Offenbarung der Heiligen Trinität. Im Falle des Menschen ist es dasselbe. Als Er Adam erschaffen hatte, sagte Gott, der Herr: „Es ist nicht gut, dass der Mensch allein sei" (Gen 2,18). Kann aber das geschaffene Wesen dem Schöpfer begegnen? Wenn die menschliche ‚persona' vor Ihm steht, der Sich Selbst ICH BIN DER ICH BIN (Ex 3,14) genannt hat, frohlocken zwar ihr Geist und ihr ganzes Wesen in ihr, aber sie quält sich zugleich auch wegen ihrer eigenen Dürftigkeit, ihrer Unwissenheit und ihrer Verfehlungen. Leid zu tragen, ist vom Augenblick ihrer spirituellen Geburt an ihr Los. Im Wissen, dass der Prozess der Wandlung unserer ganzen erdgebundenen Natur noch weit von seiner Vollendung entfernt ist, verzehrt sich unser Geist.

Christlicher Glaube ist das Resultat der Gegenwart des Heiligen Geistes in uns, und die Seele kennt Ihn. Der Heilige Geist überzeugt die Seele davon, dass sie nicht sterben und dass der Tod sie nicht besitzen wird. Der Leib aber als materielles Instrument der Seele ist der Verwesung unterworfen. Die Sünde allein kann den göttlichen Odem in uns ersticken. Gott ist heilig und verbindet Sich nicht mit der Finsternis der Sünde. In dem Moment, da wir versuchen, eine sündhafte Handlung zu rechtfertigen, zerreißen wir de facto unseren Bund mit Gott. Gott nötigt uns nicht, aber Er kann auch nicht gezwungen werden. Er zieht Sich zurück und lässt uns Seiner leuchtenden Anwesenheit beraubt zurück. Natürlich kann der Mensch unmöglich ganz vermeiden zu sündigen, aber er kann sich die Folgen der Sünde – die Trennung von Gott – ersparen. Durch die Umkehr und die darauf folgende Vermehrung der Gnade in uns trägt die Wirklichkeit der göttlichen Welt über den sichtbaren Kosmos den Sieg davon. Wir schauen die HÖCHSTE WIRKLICHKEIT.

O, Vater, Sohn und Heiliger Geist
In der Dreiheit angebeteter Gott, Ein Wesen in Drei Personen,
Unnahbares Licht, höchst verborgenes Mysterium:
Erhebe unseren Verstand zur Anschauung
Deiner unergründlichen Urteile
und erfülle unser Herz mit dem Licht Deiner göttlichen Liebe,
auf dass wir Dir in Geist und Wahrheit dienen mögen
bis zu unserem letzten Atemzug.
Wir bitten Dich, erhöre uns und erbarme dich unser.

VI. DAS GEBET DES GEISTES

O Heiliger Geist, Allmächtiger Gott;
Barmherziger Tröster und mächtiger Schützer;
Spender der Weisheit und Licht der Offenbarung;
Der Du durch Deine Herabkunft die äußersten Enden
der Erde zur wahren Gotteserkenntnis geführt hast:
Komm Du auch auf uns herab, die wir Dich allzeit betrüben,
erleuchte und heilige uns,
heile und tröste uns
mit Deinem immerwährenden Trost.

Unglück in Form von Beschränkung, Krankheit oder der Tod eines Geliebten treibt die Leute oft zum Gebet. Sobald aber die Lage sich wieder zum Besseren wendet, lässt nicht nur der Impuls zum Beten nach, sondern das Gebet an sich kann sinnlos erscheinen. Doch gibt es eine andere Art von Gebet, das Geistgebet, das fest auf die Ewigkeit ausgerichtet ist; und hierbei kann kein äußerliches Wohlergehen die Leiden der Seele heilen, die sich der Tatsache bewusst wird, dass sie das Ewige, nach dem sie sich sehnt, nicht erreicht. Dann wird das Gebet zu einem Normalzustand der Seele, und die Gnade des Heiligen Geistes kann sie plötzlich und geheimnisvoll heimsuchen und ihr einen Vorgeschmack der Ewigkeit gewähren. Für solch eine „Heimsuchung" sind Integrität und Treue wesentliche Voraussetzungen. Vor mir liegt ein beachtenswertes Dokument, der Brief eines früheren Rabbiners.

„Warum wurde ich, ein ehemaliger Rabbiner, Christ?", schreibt er. „Die Frage klingt sonderbar in meinen Ohren. Bin ich aus mir selber heraus ein Christ geworden, bin ich nach reiflicher Überlegung etwa einem Plan gefolgt, einem Vorsatz? Nein, die Gnade Gottes hat mich zum Christen werden lassen. Meine Bekehrung ist für mich selbst ein Geheimnis, vor welchem ich in Ehrfurcht mein Haupt neige. Es war der Heilige Geist, Er allein hat mich verwandelt. Als ich Christus annahm, stellten die Gesetze des Deuteronomium nicht länger ein Mittel dar, um in Gottes Nähe zu gelangen. (...) Ich fühle mich die ganze Zeit durch und durch von göttlicher Liebe erfüllt. Ganz plötzlich, unverhofft, unabhängig von irgendeiner Anstrengung meinerseits erstrahlte das Licht über mir – dieses Licht, welches in früheren Tagen, als ich noch ein frommer Jude war, nur ein ferner Schimmer war. Mit einem Mal schaute ich in mir selbst den All-Heiligen, das Mysterium aller Mysterien – und das doch zugleich Klarste alles Klaren. Was die religiöse Ethik betrifft, so ist sie im Juden- wie im Christentum weitgehend gleich: die moralischen Gebote werden häufig in gleichlautenden Begriffen ausgedrückt. In der Praxis hingegen unterscheiden sie sich wesentlich. Die christliche Ethik ist von oben herab durch den Heiligen Geist gegeben; dieser kam erst nach der Auferstehung Christi zu uns. Es ist ein und derselbe Geist, von dem gottesfürchtige Juden bis zum heutigen Tag träumen: sie fühlen Ihn und sehen Ihn, aber nur von ferne. Der wahre Christ hingegen lebt durch seinen Glauben an Jesus Christus im Heiligen Geist. Der Heilige Geist umfasst sogar unseren Leib mit der süßesten Liebe und befreit ihn von der Knechtschaft der Leidenschaften, bis der Leib selbst sich danach sehnt, im Geist aufzugehen. Und so kam es nicht aus mir selber, dass ich Christ wurde – es war Gott, Der die Gnade des Heiligen Geistes auf mich herabsandte und mich dazu machte ... Der Geist ruht in jedem wahren Christen und umgibt ihn von allen Seiten.

All das geschieht durch den Glauben an Christus. So geht es vor sich: der Glaube zieht den Heiligen Geist an, während der Heilige Geist den Glauben stärkt, für dich sorgt, dich unterstützt und dein glühendes Verlangen nach dem Reiche Gottes ermutigt ... Denen, welche die wahre Gnade noch nicht gekostet haben, werden meine Worte unverständlich sein. Der Prozess wahrer Bekehrung lässt sich weder beschreiben noch erklären: es ist etwas, was das Auge nicht sehen und das Ohr nicht hören kann. Von christlichen Regungen erfüllt, hörte ich meine Seele in mir sprechen und mir von meiner Wiedergeburt in Christus berichten; aber sie drückte sich in der Sprache der Stille aus, und dafür kann ich keine Worte finden. Ich weiß jedoch, dass meine Seele ein neues Lied sang, einen süßen Gesang der Liebe, der die Macht der Vergangenheit von mir nahm. Und dieses Lied veränderte mich und ließ in mir einen neuen Willen entstehen, ein neues Verlangen. Nun bin ich sozusagen in Christus verliebt, und, weißt du, ein Mensch der Christus liebt, hat nicht den Wunsch zu philosophieren. Er wünscht sich nur eins – in alle Ewigkeit zu lieben. Möchtest du das verstehen? Wünschst du dir, die Gnade Christi zu erfahren? Dann bemühe dich, diese Gnade von Ihm zu erlangen, Der sie dir gewähren kann. Wenn es dir scheint, als gälte dies nicht für dich, weil du nicht glauben kannst, so rate ich dir, dein Herz auf den Glauben auszurichten, und du wirst fähig sein zu glauben. Durch Glauben gelangst du zum Glauben. Halte fest an deinem Wunsch nach Glauben, und er wird dir gewährt werden. Als ich noch Jude war, hatte ich Gott auch und war mir dessen bewusst. Aber es war ein Gott, der sich je nach Haltung des Menschen veränderte. Durch Christus hingegen, durch den Heiligen Messias, den Sohn Gottes, wurde ich in den Bereich bedingungsloser, unerschütterlicher Göttlicher Liebe geführt. Dies kann nur der verstehen, der bereits in der Gnade lebt. Das Christentum ist der reichste aller Schätze und ist fähig, die Seele eines jeden Menschen zu erfüllen.

‚In Christus ist die Wahrheit, für welche der Heilige Geist Zeugnis ablegt. Und alle, die glauben, hören auf Sein Zeugnis.'

Ich habe diesen triumphierenden Schrei einer Seele, die Christus-Gott gefunden hat, deshalb angeführt, weil viele, die eine ähnliche Erfahrung gemacht haben, keine Worte haben, um das nahezu Unsagbare auszudrücken.

Der Heilige Geist kommt zu uns, wenn wir dafür empfänglich sind. Er nötigt niemanden. Er nähert sich uns so sachte, dass wir es möglicherweise nicht einmal bemerken. Wenn wir den Heiligen Geist kennenlernen möchten, müssen wir uns im Licht der Lehren des Evangeliums prüfen, um eine jede andere Anwesenheit in uns, die den Heiligen Geist daran hindern könnte, in unsere Seele einzukehren, aufzudecken. Wir können nicht erwarten, dass Gott sich uns gegen unseren Willen aufdrängt. Gott respektiert den Menschen und zwingt niemanden. Es ist erstaunlich, wie sehr Gott sich vor uns erniedrigt. Er liebt uns mit einer zarten Liebe, nicht hochmütig oder gar herablassend. Und wenn wir Ihm unser Herz öffnen, sind wir von der Überzeugung überwältigt, dass Er tatsächlich unser Vater ist. Dann betet die Seele in Liebe an.

Der heilige Gregor vom Sinai geht sogar so weit zu behaupten, das Gebet sei Gott Selbst, der in uns wirkt. „Bete Du selbst in mir" war der ständige Ruf von Metropolit Philaret von Moskau im 19. Jahrhundert. Wir haben aber auch das Zeugnis des heiligen Paulus: „Und weil ihr nun Kinder seid, hat Gott den Geist Seines Sohnes gesandt in unsere Herzen, der da ruft: Abba, lieber Vater." (Gal 4,6).

Von der Vision unserer hohen Berufung entflammt, strengen wir uns an, unsere Zielsetzung zu verwirklichen – die brennende Sehnsucht danach, dass die göttliche Liebe für immer in uns bleibe. Ohne diese vorausgehende Glaubensextase, ohne diesen glühenden Aufschwung zu dem liebenden Gott, der uns unablässig inspiriert, können wir nicht vermeiden, dass wir dem massiven Druck der gegenwärtigen Welt, einer Welt, die das Gebet nicht kennt, unterliegen.

Lebenspendender Glaube besteht in dem fraglosen Vertrauen auf Christus als Gott. Nur wenn Christus als vollkommener Gott und vollkommener Mensch bejaht wird, wird die Fülle spiritueller Erfahrung möglich, wie sie von den Aposteln und Vätern beschrieben wurde. Christus ist jetzt der Eckstein, auf den hin wir unser gesamtes Leben, sowohl das zeitliche wie das ewige, errichten müssen. Die Natur der Gaben, die solch ein Glaube mit sich bringt, bekundet ihre übernatürliche Herkunft.

Der Herr hat gesagt: „Wenn du aber betest, so geh in deine Kammer und schließe die Tür zu und bete zu deinem Vater, der im Verborgenen ist; und dein Vater, der ins Verborgene sieht, wird dir's vergelten" (Mt 6,6). Wahres Gebet wirkt in unseren innersten Tiefen, die wir vor Beobachtern von außen zu verbergen lernen. Wenn ich im Folgenden wage, an Dinge zu rühren, die für jeden von uns heilig sind, bin ich dazu durch die tragische Atmosphäre von Spannung, die in der Welt herrscht, genötigt, und im Besonderen durch mein Bewusstsein, dass wir in Christus zusammengehören. Lasst uns daher als wahre Brüder das, was zu erkennen uns von oben als Gabe gegeben ist, teilen. (Ich möchte euch bitten, beim Lesen zu beten, so wie ich Gott bitte, mich mit Worten zu inspirieren, die Ihm wohlgefällig sind.)

Christus gab uns das Wort, das Er vom Vater empfangen hatte (Joh 17,14). Er sprach von sich Selbst als dem Stein, der alle zerbrechen wird, die auf ihn fallen, und der diejenigen zu Staub machen wird, auf die er fällt (Mt 21,44). Was bedeutet das nun? Sind wir es, die auf diesen großen und wundersamen Stein gefallen sind, oder ist der Stein auf uns gefallen? Wir wissen es nicht! Aber wie dem auch sei, wir wurden in eine Welt von Realitäten hineingeworfen, von deren Existenz wir vordem keine Ahnung hatten. In früheren Zeiten, als das Leben für die Mehrheit im breiten Fluss etablierter Tradition dahinfloss, wurde das Wort Christi auf ein Art dargeboten, dass es niemanden stören konnte. Aber heute, da die ganze Erde übervoll ist von der Verzweiflung des Menschen, von dem Protest empörter Gewissen und von einer Gewalttätigkeit, die im Stande ist, die ganze Welt auszulöschen, müssen wir notgedrungen unsere Stimme erheben. In der gegenwärtigen Gefährdung sind schöne Worte, die uns zu nichts verpflichten, nicht genug. Jeder von uns braucht heute einen festen Glauben an den ewigen Sieg Christi, damit auch wir in spiritueller Hinsicht unüberwindlich werden. Ein sehr großer Teil davon hängt von uns selber ab – z. B. indem wir uns vergegenwärtigen, dass wir im Namen des Vater und des Sohnes und des Heiligen Geistes durch das Wasser der Taufe von oben herab die Neugeburt empfangen haben. Diejenigen, die „mit dem Heiligen Geist und mit Feuer" getauft sind (Lk 3,16), verspüren in ihrem Gebet, dass jeder Augenblick unseres Lebens von göttlicher Ewigkeit umfangen ist. Zu aller Zeit und an jedem Ort sind wir geborgen in der unsichtbaren Hand unseres Himmlischen Vaters.

Für einen Christen ist es normal, dass er sich sowohl der Gegenwart der unvergänglichen himmlischen Herrlichkeit bewusst ist, als auch der bedrohlichen Wolke des Todes, die über der Welt liegt. Obwohl die Todesangst die Seele quält, kann sie doch das Feuer des Glaubens nicht auslöschen. Das Gebet, das in unserem Innern pulsiert, versetzt uns an die Grenze zwischen zwei Welten, der vergänglichen und der künftigen (Hebr 13,14). Dieser schmerzhafte Riss drängt uns, noch mehr und noch inniger zu flehen. Wir werden unserer Krankheit gewahr – der tödlichen

Kraft der Sünde, die in uns wirkt – und wir verlangen nach einem Arzt. Er, der da sagte, dass Er „nicht gekommen" sei, „die Gerechten, sondern die Sünder zur Buße" zu rufen, indem Er noch hinzufügte, dass „die Gesunden keines Arztes bedürfen, sondern die Kranken" (Mt 9,12.13), gibt dann tatsächlich Antwort auf unseren Ruf. Er heilt unsere Seele von jeglichem Übel, gibt neue Energie und erleuchtet uns mit unvergänglichem Licht. Die jahrtausendealte Erfahrung der Kirche hat unwiderlegbar bewiesen, dass für das Gebet – das heißt für Gott – keine Krankheit des Geistes unheilbar ist. Wir mögen in die absolut ungünstigsten Umstände hineingeboren worden sein; wir mögen in ungebildeter, verrohter, sogar krimineller Umgebung aufwachsen und vom allgemeinen schlechten Beispiel angezogen werden; wir mögen jegliche Art von Entbehrung, Verlust oder Unrecht zu erdulden haben; wir mögen von Geburt an entstellt sein und wissen, was es heißt, verachtet, verwundet und ausgestoßen zu sein; alles, was es in der gegenwärtigen Welt an Unglück gibt, mag uns seinen Stempel aufdrücken, mag uns sogar fest im Griff halten – aber von dem Augenblick an, da wir uns Gott zuwenden, entschlossen, Seinen Geboten zu folgen, setzt ein Prozess grundlegender Heilung ein. Wobei wir nicht nur von unseren Wunden oder Leidenschaften geheilt werden – nein, sogar unsere äußere Erscheinung kann sich verändern. Dies geschah oft auf dem Heiligen Berg (Athos).

Dort kamen Männer an, die von jahrelanger verderbter Lebensweise zerbrochen und in armseligem und erbärmlichem Zustand waren – doch bereits nach kurzer Zeit tiefer Buße war ihr Angesicht schön anzusehen, war ihre Stimme verwandelt und sogar ihr Gang hatte sich verändert – der Geist leuchtete strahlend aus ihnen hervor. Sollte irgendeiner meiner Leser an einer psychologischen Wunde leiden, die durch ein Versagen im Leben hervorgerufen wurde, so kann er zu königlicher Freiheit des Geistes gelangen und sein ganzes Leben von Grund auf ändern, wenn er sich mit einem persönlichen Gebet, wie z. B. folgendem, an Gott wendet:

Morgengebet

„Ewiger Herr und Schöpfer aller Dinge, der Du mich in Deiner unerforschlichen Güte ins Leben gerufen hast; der Du mich mit der Gabe der Taufe beschenkt und mit der Gnade des Heiligen Geistes versiegelt und mit dem Verlangen erfüllt hast, nach Dir, dem einen wahren Gott zu suchen: höre mein Gebet.

Ohne Dich, mein Gott, habe ich kein Leben, kein Licht, weder Freude noch Weisheit noch Stärke. Wegen meiner Sünde wage ich nicht, meine Augen zu Dir zu erheben. Du aber sagtest zu Deinen Jüngern: ‚Worum immer ihr mit Glauben bittet – es wird euch gewährt werden' und ‚was immer ihr in meinem Namen erfragt, das werde ich tun.' Deshalb wage ich, Dich anzurufen.

Reinige mich von aller Befleckung des Fleisches und des Geistes. Lehre mich, recht zu beten. Segne diesen Tag, den Du mir, Deinem unwürdigen Knecht, gibst. Kraft Deines Segens mache mich zu jeder Zeit bereit, Dir allein zu Ruhm und Ehre zu sprechen und zu handeln, mit reinem Geist, mit Demut, Geduld, Liebe, Sanftmut, Frieden, Mut und Weisheit: in ständigem Bewusstsein Deiner Gegenwart.

In Deiner unermesslichen Güte, Herr und Gott, zeige mir den Pfad Deines Willens und gewähre mir, ohne Sünde vor Deinem Angesicht zu wandeln. Oh Herr, vor Dem alle Herzen offenbar sind, Du weißt, was mir nottut. Weder meine Blindheit noch meine Unwissenheit sind Dir verborgen; Du kennst meine Schwäche und die Verderbtheit meiner Seele; aber auch mein Leid und meine Ängste sind Dir bekannt. Daher flehe ich Dich an: erhöre mein Gebet und zeige mir durch Deinen Heiligen Geist den Weg, auf dem ich gehen soll. Und wenn mein Eigenwille mich auf andere Pfade locken will, lass es nicht zu, oh Herr, sondern bringe mich gewaltsam zurück zu Dir.

Durch die Kraft Deiner Liebe gewähre mir, an dem festzuhalten, was gut ist. Bewahre mich vor jedem Wort oder jeder Tat, welche die Seele verderben; ebenso vor jeder Regung, die Dir missfällt oder meinen Mitmenschen schadet. Lehre mich, was und wie ich sprechen soll. So es Dein Wille ist, dass ich keine Antwort gebe, dann gib mir ein, im Geist des Friedens Schweigen zu wahren, ohne dass mein Nächster daran Anstoß nimmt oder dadurch verletzt wird.

Festige mich in Deinen Geboten, und bis zu meinem letzten Atemzug lass nicht zu, dass ich vom Licht Deiner Ratschlüsse abweiche; mögen Deine Gebote mir zum alleinigen Gesetz meines Lebens werden, hier auf Erden und in Ewigkeit. Ja, Herr, ich bitte Dich, hab' Erbarmen mit mir. Eile mir zu Hilfe in meiner Niedergeschlagenheit und meiner Not und verbirg nicht den Weg des Heils vor mir.

In meiner Anmaßung, oh Herr, verlange ich gar viele und große Dinge von Dir. Doch bin ich mir immer meiner Schlechtigkeit, meiner Niederträchtigkeit und auch Widerwärtigkeit bewusst. Erbarme Dich meiner! Verwirf mich nicht von Deiner Gegenwart wegen meiner Zudringlichkeit, sondern vermehre den rechten Wagemut in mir, dem schlechtesten aller Menschen, und gewähre mir, Dich so zu lieben, wie Du es geboten hast: mit ganzem Herzen, mit ganzer Seele, ganzem Verstand und all meiner Kraft – mit meinem ganzen Wesen.

Ja, oh Herr, durch Deinen Heiligen Geist lehre mich das rechte Urteil und die rechte Erkenntnis. Gewähre mir, Deine Wahrheit zu schauen, bevor ich ins Grab hinab muss. Erhalte mein Leben auf der Welt solange, bis ich Dir echte Bußfertigkeit beweise. Nimm mich nicht inmitten meiner Tage fort, und auch nicht, solange mein Geist noch in Blindheit verharrt. Wenn es Dir wohlgefällt, meinem Leben ein Ende zu setzen, gib mir rechtzeitige Vorwarnung, auf dass meine Seele sich bereit hält, vor Dich hinzutreten. Stehe mir bei, Herr, in dieser ehrfurchtsamen Stunde und gewähre mir die Freude Deines Heils.

Reinige mich von meinen heimlichen Sünden, von jeder verborgenen Ungerechtigkeit, die in mir wohnt, und gib mir die rechte Antwort vor Deinem furchtbaren Richterstuhl. Ja, Herr, in Deiner großen Barmherzigkeit und Deiner unermesslichen Liebe für Deine Geschöpfe – erhöre mein Gebet."

***

Solcherart jeden Morgen zu beten, ist nicht einfach. Aber wenn wir aus ganzem Herzen und mit ganzer Aufmerksamkeit beten, wird das unseren ganzen Tag lenken, und alles, was geschieht, wird einen anderen Charakter bekommen. Der Segen, den wir vom Höchsten Gott erbeten haben, wird einen sanften Frieden in unserer Seele erzeugen und wird wundersam die Art und Weise beeinflussen, wie wir die Welt sehen und beurteilen. Ein Mensch des Gebetes sieht die ihn umgebende Welt in einem anderen Licht. Unser Interesse wird lebendig, und echte Lebensqualität verstärkt sich. Nach und nach wird das Gebet unsere Natur durchdringen, bis allmählich eine neue Kreatur aus Gott geboren ist. Liebe zu Gott, der wahrlich Seinen Segen über uns ausgießt, befreit die Seele von äußerem Druck. Das einzige Gebot ist, das Band der Liebe zu Gott zu bewahren. Es wird uns nicht mehr kümmern, was die Menschen von uns denken, oder wie sie uns behandeln. Es wird nicht mehr unsere Sorge sein, ‚dazu zu gehören'. Wir werden unsere Mitmenschen lieben, ohne einen Gedanken daran zu verschwenden, ob sie uns lieben. Christus gab uns das Gebot der Nächstenliebe, aber Er machte es nicht zur Bedingung für unser Heil, dass die Anderen auch uns lieben müssten. Tatsächlich könnten wir uns durch unsere unabhängige Geisteshaltung sogar unbeliebt machen. In der heutigen Zeit ist es wesentlich, uns vor dem Einfluss derer schützen zu können, mit denen wir in Berührung kommen. Wir könnten sonst sowohl des Glaubens als auch des Gebets verlustig gehen. Möge die ganze Welt uns als der Beachtung, des Vertrauens oder des Respekts unwürdig betrachten – es spielt keine Rolle, solange nur der Herr uns annimmt. Und umgekehrt: es wird uns wenig nützen, wenn die ganze Welt gut über uns denkt und Loblieder auf uns singt, wenn der Herr es ablehnt, Wohnung in uns zu nehmen. Dies ist nur ein Bruchstück der Freiheit, die Christus meinte, als Er sagte: „Ihr werdet die Wahrheit erkennen, und die Wahrheit wird euch frei machen" (Joh 8,32). Unser ganzes Verlangen wird darin bestehen, im Wort Christi zu bleiben, Seine Jünger zu werden und aufzuhören, Sklaven der Sünde zu sein. Denn „wer Sünde tut, ist der Sünde Knecht. Der Knecht aber bleibt nicht ewig im Haus; der Sohn bleibt ewig. Wenn euch also der Sohn frei macht, dann seid ihr wirklich frei" (Joh 8,34-36). Das letzte Ziel des Gebets ist es, uns zu Söhnen Gottes zu machen, und als Söhne werden wir auf ewig im Hause unseres Vates bleiben. „Vater unser, der Du bist im Himmel ..."

Natürlich entsteht wahrhaftiges Gebet nicht ohne weiteres. Es ist nicht einfach, in der göttlichen Inspiration gefestigt zu bleiben, wenn man von den eisigen Wassern einer Welt umgeben ist, die nicht betet. Christus entzündete die göttliche Flamme auf der Erde, und so bitten wir Ihn, unsere Herzen zu entflammen, damit wir nicht von der Kälte des Kosmos überwältigt werden und damit nicht etwa schwarzer Qualm diese leuchtende Flamme ersticke.

Von allen Möglichkeiten, sich Gott zu nähern, ist das Gebet die beste und letztlich sogar die einzige Möglichkeit. Im Akt des Gebets findet der menschliche Geist seinen edelsten Ausdruck. Der Geisteszustand eines Wissenschaftlers, der mit Forschung beschäftigt ist oder eines Künstlers, der ein Kunstwerk erschafft, eines Denkers, der sich in Philosophie ergeht – sogar professioneller Theologen, die ihre Lehrmeinungen entwickeln, kann nicht mit dem eines betenden Menschen verglichen werden, der sich im Angesicht des Lebendigen Gott befindet. Jede Art von geistiger Beschäftigung stellt weniger starke Anforderungen an uns, als das Gebet. Wir mögen fähig sein, zehn bis zwölf Stunden lang ohne Pause zu arbeiten, aber nach ein paar Augenblicken des Gebets sind wir bereits erschöpft.

Das Gebet vermag alles. Für jeden von uns, auch für den, der kein natürliches Talent besitzt, ist es möglich, durch das Gebet übernatürliche Gaben zu erhalten. Dort, wo wir auf eine Unzulänglichkeit unseres rationalen Wissens stoßen, tun wir gut daran, uns zu erinnern, dass das Gebet unabhängig von den intellektuellen Fähigkeiten eines Menschen eine höhere Form der Erkenntnis vermitteln kann. Es gibt den Bereich des reflektierenden Bewusstseins und der demonstrativen Beweisführung; und es gibt jenen, in dem das Gebet den Zugang zur direkten Kontemplation der göttlichen Wahrheit bildet.

Unter den Wissenschaftlern dieses Jahrhunderts gibt es eine ausgesprochene Tendenz, die gesamte Erkenntnis der natürlichen Welt für sich in Anspruch zu nehmen. „Die Summe all dessen, was man weiß, hebt die grenzenlose Fähigkeit des menschlichen Geistes hervor und beweist, dass jedes natürliche Phänomen erfassbar ist", erklärte ein russischer Wissenschaftler 1958. Auch wir Christen wollen vollständige Erkenntnis des Seins – im tiefsten und weitesten Sinne – erlangen. Die materielle Welt aber umfasst noch nicht die Fülle des Seins. Ohne die Bedeutung der experimentellen Wissenschaft, die im Kampf um die Existenz sicher ihre lebenswichtige Notwendigkeit hat, schmälern zu wollen, ist es uns dennoch unmöglich, ihre Begrenztheit zu übersehen. Ich hörte einst die folgende Geschichte eines Astronomieprofessors, der in einem Planetarium voller Enthusiasmus über die Spiralnebel und ähnlich Erstaunliches sprach.

Als er einen schlichten Priester bemerkte, der unter der Gruppe der Studenten saß, fragte er ihn:

„Was sagen eure Schriften über den Weltraum und seine Myriaden von Sternen?"

Statt einer direkten Antwort darauf stellte der Priester seinerseits eine Frage.

„Sagen Sie, Herr Professor", meinte er, „glauben Sie, dass die Wissenschaft noch mächtigere Teleskope erfinden wird, um noch tiefer in das Firmament hineinsehen zu können?"

„Natürlich ist eine Weiterentwicklung möglich, und die Wissenschaft wird immer die Apparate verbessern, um den äußeren Raum zu erforschen", antwortete der Astronom.

„Es besteht folglich die Hoffnung, dass Sie eines Tages Teleskope haben werden, die alles zeigen können, was es im Universum gibt, bis ins letzte Detail?"

„Das ist unmöglich – der Kosmos ist unendlich", erwiderte der Wissenschaftler.

„Also sind der Wissenschaft Grenzen gesetzt?"

„Ja, in diesem Sinne ist es so."

„Nun, Herr Professor", sagte der Priester, „da, wo ihre Wissenschaft aufhört, fängt die unsere an, und davon berichten unsere Schriften."

VII. DIE SELIGKEIT, DEN WEG ZU KENNEN

„Glücklich sind wir, das Volk Israel; denn wir wissen, was Gott gefällt. Hab Vertrauen, mein Volk ..." (Apokryphen; Baruch 4,4-5). Wenn wir jetzt bedenken, wieviel mehr wir Christen von Gott beschenkt wurden als die Propheten und Gerechten des Alten Testamentes, müssen auch wir unsere Stimmen erheben und in dankbarem Triumph ausrufen: „Gesegnet sind wir geheiligten Christen, denn der Herr verlangte so sehr nach einer Vereinigung mit uns, dass Sein Leben zu dem unseren wurde."

Der Herr selbst bezeugte dies, als Er zu seinen Jüngern sagte: „Aber selig sind eure Augen, dass sie sehen, und eure Ohren, dass sie hören. Wahrlich, ich sage euch: Viele Propheten und Gerechte haben begehrt, zu sehen, was ihr seht, und haben es nicht gesehen, und zu hören, was ihr hört, und haben es nicht gehört" (Mt 13,16-17). Und der heilige Petrus erklärte: „Den Propheten wurde geoffenbart, dass sie nicht sich selbst, sondern euch dienen sollten mit dem, was euch jetzt verkündet worden ist durch die, die euch das Evangelium bezeugt haben durch den Heiligen Geist, der vom Himmel gesandt ist", und fügte hinzu, „was auch die Engel begehren zu schauen" (1 Petr 1,12).

In seinem Brief an die Epheser schrieb der Apostel Paulus, dass „die Einsicht in das Geheimnis Christi .... den Menschen früherer Generationen nicht bekannt war; jetzt aber ist es seinen heiligen Aposteln und Propheten durch den Geist offenbart worden" (vgl. Eph 3,4-5), und sagte ihnen weiter, dass ihm die Gnade zu Teil geworden sei, „den Heiden den unergründlichen Reichtum Christi zu verkündigen und für alle ans Licht zu bringen, wie Gott seinen geheimen Ratschluss ausführt, der von Ewigkeit her verborgen war in ihm, der alles geschaffen hat; damit jetzt kund werde die mannigfaltige Weisheit Gottes den Mächten und Gewalten im Himmel durch die Gemeinde. Diesen ewigen Vorsatz hat Gott ausgeführt in Christus Jesus, unserem Herrn, durch den wir Freimut und Zugang haben in aller Zuversicht durch den Glauben an ihn" (Eph 3,10-12).

In der heutigen Zeit werden viele Menschen, die von der Banalität und Leere unserer gegenwärtigen Welt enttäuscht sind, von nicht-christlicher Mystik angezogen. Sie kennen das wirkliche Wesen des Christentums nicht. Christentum beinhaltet Leiden; durch das Leid dringen wir aber in das Geheimnis des Seins ein. Leid ermöglicht es, uns unseres Menschseins und unserer Freiheit bewusst zu werden. In der Bedrängnis erinnert sich der Christ daran, dass „die gesamte Schöpfung bis zum heutigen Tag seufzt und in Geburtswehen liegt" (Röm 8,22), und sein Geist verspürt, dass dies selbe Leben in einem jeden von uns pulsiert. Wenn wir die Grenzen unseres Bewusstseins erweitern, verbinden wir uns mit Millionen von Menschen auf der ganzen Welt, die uns ähnlich sind. Ein gesteigertes Bewusstsein des menschlichen Leidens bringt intensiveres Gebet mit sich, welches seinerseits alles auf die Ebene des Geistes erhebt.

Einmal las ich einen Bericht in einer Zeitung. Beim Testen der Düsen eines Jets lief ein Techniker unvorsichtigerweise in den Luftstrom, wurde vom Boden gerissen und in die Luft geschleudert. Als sein Assistent bemerkte, was geschehen war, stellte er sofort den Motor ab. Der Techniker fiel tot zu Boden. Etwas Ähnliches begegnet einem Menschen des Gebets: nachdem er von einer höheren Sphäre ergriffen worden ist, kehrt er auf die Erde zurück, ‚tot' für viele Dinge dieser Welt. Ein neues Leben voller Licht hat sich seinem Inneren kundgetan, und von diesem Moment an haben die lächerlichen Unterhaltungsstrategien dieser Welt, welche die Mehrheit der Menschen beschäftigen, nichts Interessantes oder Anziehendes mehr für ihn. Wenn wir die Qualität des Lebens nicht mehr nach der Summe körperlicher und psychischer Annehmlichkeiten beurteilen, sondern nach dem Maß unseres Bewusstseins der universellen Realitäten und vor allem der Ersten und Letzten Wahrheit, werden wir verstehen, was sich hinter den Worten Christi verbirgt: ‚Ich gebe euch meinen Frieden' – Worte, die Er nur wenige Stunden vor Seinem Tod am Kreuz zu Seinen Jüngern sprach. Das Wesen des Friedens Christi liegt in Seiner vollkommenen Kenntnis des Vaters. Und ebenso ist es mit uns: wenn wir Kenntnis von der immerwährenden Wahrheit besitzen, werden alle Leiden des jetzigen Lebens sozusagen an den äußeren Rand unseres Wesens verlagert, während in uns das Licht des Lebens herrscht, welches vom Vater ausgeht.

Kein Erfolg oder vergänglicher Wohlstand können uns wahrhaftigen Frieden gewähren, solange wir fortfahren, die Wahrheit zu ignorieren. Rar sind die Menschen, die genügend geistlichen Mut haben, die ausgetretenen Pfade zu verlassen, auf welchen die große Masse wandert. Mut erwächst aus dem unumstößlichen Glauben an Christus-Gott. „Denn alles, was von Gott geboren ist, überwindet die Welt. Und unser Glaube ist der Sieg, der die Welt überwunden hat" (1 Joh 5,4).

Menschen ohne Erfahrung im Gebet können kaum glauben, wie sehr es den Horizont des Geistes erweitert. Manchmal verzehrt das Gebet unser Herz wie Feuer; und wenn das Herz der brennenden Flamme erliegt, senkt sich völlig unerwartet der Tau göttlichen Trostes auf es herab. Wenn wir uns unserer Zerbrechlichkeit in einem Grade bewusst werden, dass unser Geist verzagen möchte, erscheint auf nie gekannnte Weise ein wundervolles Licht, welches unvergängliches Leben verkündet. Wenn die Finsternis in uns so schrecklich wird, dass wir vor Angst gelähmt sind, verwandelt eben dieses Licht die schwärzeste Nacht in einen leuchtenden Tag. Wenn wir uns freiwillig in die Hölle verdammen und in tödlicher Angst in den tiefsten Abgrund steigen, erhebt eine Kraft von oben plötzlich unseren Geist in die Höhen. Wenn wir zerschmettert sind vom Gefühl unserer äußersten Nutzlosigkeit, verwandelt uns dieses ungeschaffene Licht und führt uns als Söhne in das Haus des Vaters.

Wie sind derart gegensätzliche Zustände zu verstehen? Warum rechtfertigt uns unsere Selbstverurteilung vor Gott? Ist es nicht deshalb, weil dieser Akt der Wahrheit entspricht und der Geist der Wahrheit somit in uns Raum für Sich findet?

Selbst ein entfernter Kontakt mit dem Göttlichen befreit die Seele von allen Leidenschaften, einschließlich des Neides, diesem hässlichen Sprössling des Stolzes. Dem Menschen, der mit einer demütigen Selbsteinschätzung auf dem Wege ist, wird ein größeres Wissen über die Geheimnisse der zukünftigen Welt zuteil werden. Er wird von der Macht des Todes befreit werden. Während er im Gebet mit Christus vereint ist, erkennt er, dass durch die dauernde Einwohnung des Heiligen Geistes – oder genauer gesagt, der Trinität – auch ihm in Ewigkeit der ganze Gehalt des Seins zueigen sein wird. Vater, Sohn und Heiliger Geist werden Wohnung in ihm nehmen. Aufgrund dessen wird jedes gute Wort oder jede gute Tat, aus welcher Quelle sie auch immer hervorgeht, Teil seines ewigen vergöttlichten Lebens sein. Somit – um es mit den Worten des heiligen Paulus zu sagen – „... nichts habend, besitzen wir doch alles" (2 Kor 6,10). Wenn jemand Taten zur Ehre Gottes vollbringt und diese ihm sowohl zeitlichen wie auch zeitlosen Ruhm einbringen, empfindet ein Mensch, der betet, keinen Neid, sondern Freude im gemeinsamen Heil. Die Ehre meines Bruders wird auch zu meiner eigenen Ehre gereichen. Was für ein Segen, Mitbrüder leuchtend im Heiligen Geist zu sehen! Und doch ist dies nur ein schwacher Abglanz unserer Freude im zukünftigen Königreich, wo der Geist des Menschen in einem Überfluss nie abnehmender Liebe die Fülle seiner gott-menschlichen Existenz erreichen wird.

Vergessen wir aber nicht, dass der Weg zu dieser überreichlichen Liebe durch die Tiefen der Hölle führt. Wir dürfen uns vor diesem Abstieg nicht fürchten, da wir die Fülle der Erkenntnis ohne ihn nicht erreichen können.

Manchmal bringen uns die Prüfungen und Schwierigkeiten, denen wir begegnen, in die Lage eines Bergsteigers, der sich plötzlich am Rande eines Abgrundes befindet, von dem er nicht mehr zurück kann. Dieser Abgrund ist die Nacht der Unwissenheit und des Entsetzens darüber, sich als Gefangener des Todes zu sehen. Nur die Energie einer heiligen Verzweiflung kann uns hinübertragen. Von einer geheimnisvollen Kraft gehalten, stürzen wir uns ins Unbekannte, indem wir den Namen des Herrn anrufen. Und was geschieht? Anstatt uns den Kopf an vermuteten Felsen zu zerschmettern, spüren wir eine unsichtbare Hand, die uns ohne Schaden sanft hinüberträgt. Sich ins Unbekannte zu stürzen, bedeutet, auf Gott zu vertrauen und alle Hoffnung in die Großen dieser Welt aufgegeben zu haben, sich auf den Weg zu machen und nach einem neuen Leben zu suchen, in welchem Christus an erster Stelle steht.

Dieses Überqueren kann auch mit dem Balancieren auf einem Seil, das von einer Seite des Abgrunds zur anderen gespannt ist, verglichen werden. Die Hände des gekreuzigten Christus verbinden seine beiden

Seiten. Die Seele, welcher das furchterregende Privileg gewährt wurde, auf diesem Seil entlang zu gehen, findet keine Worte für das, was sie erlebt hat, genau so wie jemand, der ins Jenseits hinübergegangen ist, uns seine Erfahrung über diese neue Welt nicht mitteilen kann.

Die oben beschriebene spirituelle Vision verwandelt sich in eine Kontemplation des Gekreuzigten. Seine Arme sind ausgestreckt, alle Völker zu einem einzigen zu versammeln und die entferntesten Enden der Erde miteinander zu verbinden; Sein am Kreuz hängender Körper bildet eine unbeschreibliche Brücke zwischen der Erde und dem Himmel. Er, der Gott und Mensch in sich vereint, ruft uns auf, Ihm nachzufolgen. Es ist nicht leicht wiederzugeben, was das geistige Auge in solchen Momenten wahrnimmt. Ebenso wie ein schwerer Gegenstand, der aus dem Bereich der Schwerkraft hinausgeschleudert wird, den Gesetzen des Weltraums unterworfen ist und sich mit einer auf der Erde unvorstellbaren Geschwindigkeit fortbewegt, ebenso ergeht es unserem Geist, wenn das Gebet in seinem Aufstieg zu Gott die Leidenschaften, deren Gewicht uns nach unten zieht, besiegt, um sich in der Lichtsphäre des Göttlichen zu bewegen und die höchsten und bislang unbekannten Wahrheiten zu betrachten. In der Tiefe unseres Bewusstseins erfahren wir die unerschaffene Wahrheit, und der Heilige Geist bezeugt unsere Unvergänglichkeit. Auf diese Weise verwandelt sich unsere erste furchterregende Vision der Finsternis und Vergänglichkeit in eine von Licht und unzerstörbarem Leben.

Die feine Berührung der göttlichen Liebe in unserem Herzen ist unser erster Kontakt mit der himmlischen Seite des Abgrundes. Unser Geist, der von der Macht des Todes befreit ist, zittert auch im Angesicht des Todes nicht mehr vor ihm. Doch von einer anderen Furcht ist die Liebe, welche in die Seele gekommen ist, nicht frei: nämlich unserem Nächsten auf irgend eine Art weh zu tun und – vielleicht noch mehr – den Heiligen Geist durch einen Impuls des Herzens, durch einen Gedanken oder ein Wort zu betrüben. Nur durch ein noch größeres Maß an Gnade, das sich in der Feindesliebe äußert, wird der Geist gleichsam mit Gott verwandt. Und doch, trotz solcher Liebe stoßen wir immer noch auf Schwierigkeiten bei den Menschen, da gerade die Anwesenheit des göttlichen Handelns in uns auf merkwürdige Weise Feindseligkeit in denen auslöst, die Gott nicht lieben. Es gibt keinen tieferen und tragischeren Konflikt, als den zwischen unserer Welt und Christus.

Wer nicht von oben wiedergeboren wurde, wird die niemals verstehen, die es sind. Wir bemerken äußerlich nichts Außerordentliches an Christen, die oft sogar krankhaft oder heuchlerisch scheinen mögen. Die wiedergeborene Seele ist gegenüber allen spirituellen Phänomenen feinfühliger – viel tiefer verwundbar von Dingen, die gegen die göttliche Liebe verstoßen: Verleumdung, Gewalt, Mord usw. Damit verbunden wird die wiedergeborene Seele durch das geduldige Ertragen der Prüfungen fähiger, sich die „Weisheit von oben" (Jak 3,17) anzueignen. Tief im Inneren versteckt findet sie „eine Quelle des Wassers, das in das ewige Leben quillt" (Joh 4,14). Das Gebet ist wie eine Hand, die sich fest an das Gewand Gottes klammert – jederzeit und überall: im Gewühl der Menge, in den angenehmen Momenten der Muße oder in Perioden der Einsamkeit.

Anfangs scheint der Kampf um das Gebet unsere Kräfte zu übersteigen, aber mit Ausdauer wird die Seele eines Tages Trauer und Freude, Verzweiflung und Hoffnung zugleich in sich tragen können. Es gibt dann keinen Wechsel mehr zwischen Begeisterung und Depression, da alle diese Zustände in ein einziges Ganzes versammelt sind. Durch die Erkenntnis Gottes hat die Seele tiefen Frieden erlangt.

Unergründlich sind die Wege Gottes. Der Mensch kann sie nicht von sich aus erkennen. Gott hat uns durch sein Kommen den einzigen Weg zum ewigen Heil offenbart. Er gab uns ein Beispiel in allen Dingen. Er lehrte uns, wie der Heilige Geist in uns wirkt. Er erfüllte uns mit dem unvergänglichen Licht, außerhalb dessen es nirgendwo wahre Erkenntnis und auch für niemanden Erlösung gibt. Von Ihm lernten wir die unbegrenzten Möglichkeiten derer kennen, die nach Seinem Bilde geschaffen sind.

Oh Gott und anfangsloser Vater,
Der Du gesegnet bist in alle Ewigkeit;
Der Du uns das Geheimnis
Deines Heilsweges offenbart hast:
Erneuere unsere Natur
durch Dein Wort, das in uns wohnt,
und mache uns zum Tempel Deines Heiligen Geistes,
auf dass wir – allzeit behütet durch Deine Kraft –
Dich auf würdige Weise ehren,
jetzt und immerdar.

VIII. DER KAMPF UM DAS GEBET

Oh Heiliger Geist, König der Ewigkeit,
Spender unvergänglichen Lebens:
In Deiner unermesslichen Barmherzigkeit
senke deinen Blick herab auf die Schwachheit unserer Natur.
Erleuchte und heilige uns.
Lass das Licht Deiner Erkenntnis
in unseren finsteren Herzen leuchten.
Und in den tönernen Gefäßen unserer Vergänglichkeit
erweise Deine unüberwindliche Kraft.

Gebet ist Schöpfung ohne Ende, die höchste Kunst. Wie oft haben wir einen begeisterten Aufschwung zu Gott hin verspürt, nur um anschließend wieder aus seinem Licht in die Dunkelheit zurückzufallen. Immer wieder erkennen wir die Unfähigkeit unseres Geistes, sich zu Ihm zu erheben. Es gibt Momente, da fühlen wir uns am Rande des Wahnsinns. „Du gabst mir das Gebot der Liebe, aber ich finde keine Kraft in mir für diese Liebe. Komm und vollbringe in mir all das, was Du geboten hast, denn Deine Gebote übersteigen meine Fähigkeiten. Mein Geist ist zu schwach, um Dich zu verstehen. Meine Einsicht ist nicht fähig, die Geheimnisse Deines Willens zu erkennen. Meine Tage sind ein einziger Widerstreit. Der Gedanke, Dich wegen meiner schlechten Gedanken zu verlieren, macht mir beklemmende Angst."

Manchmal scheint unser Gebet abzuflauen, und wir rufen: „Herr, eile mir zu helfen!" (Ps 70,5). Solange wir jedoch den Saum Seines Gewandes nicht loslassen, wird uns Hilfe zu Teil. Es ist lebenswichtig, im Gebet zu bleiben, um dem dauerhaften zerstörerischen Einfluss der Außenwelt entgegenzuwirken.

Dem Gebet wird es gelingen, den göttlichen Odem in uns wieder zu beleben, den Gott Adam in die Nase geblasen hat und dank dessen er „ein lebendiges Wesen wurde" (Gen 2,7). Dann wird unser wiedererweckter Geist über das überwältigende Mysterium des Seins in Staunen geraten, und unser Herz wird in den Lobpreis des Psalmisten über die wundervollen Werke des Herrn einstimmen. Wir werden den Sinn der Worte Christi verstehen: „Ich bin gekommen, damit sie das Leben haben und es in Fülle haben" (Joh 10,10).

Aber dieses Leben ist voller Widersprüche, wie auch die ganze Lehre des Evangeliums: „Ich bin gekommen, um Feuer auf die Erde zu werfen. Wie froh wäre ich, es würde schon brennen!" (Lk 12,49). Wenn wir nicht durch dieses Feuer gehen, das die zerstörerischen Leidenschaften unserer Natur verzehrt, werden wir nicht erleben, dass sich dieses Feuer in Licht verwandelt, denn es ist nicht das Licht, das an erster Stelle kommt, sondern das Feuer: in unserem gefallenen Zustand geht das Verbrennen der Erleuchtung voraus. Lasst uns Gott daher für dieses verzehrende Feuer preisen. Wir wissen noch nicht alles, aber wir wissen zumindest „teilweise" (1 Kor 13,9), dass es kein anderes Mittel für uns Sterbliche gibt, „Söhne der Auferstehung" (Lk 20,36) zu werden und mit Christus zu herrschen. Wie schmerzhaft auch immer diese Neuschöpfung sein mag – und sie kann uns schwer zu schaffen machen oder zerreißen –, so wird dieser Prozess, wie qualvoll er auch sein mag, doch zum Segen für uns werden. Gelehrsamkeit bedarf langer Mühen, aber es ist unendlich viel schwieriger, das Gebet zu erwerben.

Wenn die Evangelien und Apostelbriefe für uns zur Realität geworden sind, erkennen wir, wie einfältig unsere früheren Begriffe von Gott und dem Leben in Ihm waren, derart weit übersteigt die Wirklichkeit die Vorstellungen der Menschen. „Was kein Auge gesehen und kein Ohr gehört hat, was in keines Menschen Sinn gekommen ist: was Gott bereitet hat denen, die ihn lieben" (1 Kor 2,9). Selbst ein leises Flüstern des Göttlichen ist Herrlichkeit ohnegleichen gegenüber einem ganzen Leben ohne Gott.

Der Weg ist eng, voller Dornen und Leid. Wir werden oft seufzen müssen, wenn wir diesen Weg gehen. Die besondere Furcht, die „der Anfang der Weisheit" ist (Ps 110,10), wird unser Herz in ihren Griff zwängen und uns dazu bringen, in uns selbst einzukehren, um genauestens zu erforschen, was sich in uns abspielt. Unfähig, Christus nachzufolgen, sind wir von unserer Mutlosigkeit wie gelähmt. „Jesus ging (den Jüngern) voraus; die Leute wunderten sich über ihn, die Jünger aber hatten Angst" (Mk 10,32).

Niemand von uns wird dem Leiden entgehen können, wenn wir denn zu einem neuen Leben in Gott wiedergeboren werden wollen – wenn wir unseren natürlichen Körper in einen spirituellen Leib verwandeln möchten. Der heilige Apostel Paulus sagte: „Es wird gesät ein natürlicher Leib und wird auferstehen ein geistlicher Leib" (1 Kor 15,44). Nur die Kraft des Gebets überwindet den Widerstand der Materie und erlöst unseren

Geist von dieser erdrückenden und lähmenden Welt und öffnet ihm den Zugang zu den grenzenlosen Bereichen strahlenden Lichts.

Die Heimsuchungen, die unseren Geist im Bemühen um das Gebet überfallen, verwirren ihn. Es ist nicht leicht, ihre Ursache oder ihre Natur zu erkennen. Solange wir noch nicht „in das Heiligtum Gottes" eingetreten sind (Ps 73,17), werden wir oft zögern und unsicher sein, ob unsere Werke dem All-Heiligen angenehm sind. Da wir nicht frei sind von Sünden, können wir nur vermuten, dass unsere Fehler den Sturm entfachen, der um uns herum wütet – obgleich der heilige Petrus die frühen Christen in ihrer Verzweiflung daran erinnerte, dass „der Geist der Herrlichkeit" (1 Petr 4,14) auf ihnen ruhe. Eins steht jedoch außer Frage: die Stunde wird kommen, wo all unsere Prüfungen und Drangsale in der Vergangenheit verschwinden werden. Dann werden wir erkennen, dass die leidvollsten Perioden unseres Lebens in Wirklichkeit die fruchtbarsten waren und dass sie uns über die Grenzen dieser Erde hinaus begleiten werden, um als Grundlage „des unerschütterlichen Reiches" zu dienen (Hebr 12,28).

Der Allmächtige Gott rief uns aus dem Nichts. Von Natur aus sind wir also aus dem Nichts hervorgegangen; dennoch erwarten wir Achtung und Ansehen – selbst von Gott. Plötzlich offenbart sich der Allmächtige in grenzenloser Demut. Diese Vision überflutet unser ganzes Wesen, und instinktiv verneigen wir uns in Anbetung. Selbst dieser Akt scheint ungenügend, und wie sehr wir auch immer versuchen, vor Ihm demütig zu werden, gelingt es uns doch nie, Seine Demut zu erreichen.

Zu diesem Gott der Liebe und der Demut erhebt sich das Gebet aus den Tiefen unseres Seins. Wenn unser Herz von Gottesliebe erfüllt ist, sind wir uns unserer Nähe zu Ihm vollkommen bewusst – obgleich wir in aller Deutlichkeit sehen, dass wir nichts sind, als Staub (Gen 3,19). Nichtsdestotrotz hat der unsterbliche Gott in die sichtbare Gestalt unserer Natur das Gleichnis Seines unsichtbaren Wesen eingeprägt, und so verstehen wir die Ewigkeit. Durch das Gebet treten wir in das göttliche Leben ein; und der in uns betende Gott durchdringt uns mit seinem ungeschaffenen Leben.

Indem Er uns nach seinem Bild und Gleichnis schuf, stellte Gott uns in Seine Gegenwart, nicht als Seine Tat, die Ihm völlig untertan wäre, sondern als ein sogar für Ihn Selbst gegebenes Faktum (datum) – als freie Wesen. Und aus diesem Grund basiert die Beziehung zwischen dem Menschen und Gott auf dem Prinzip der Freiheit. Wenn wir diese

Freiheit nun dazu benutzen um zu sündigen, verwerfen wir Gott damit. Diese Freiheit, uns von Gott abzuwenden, ist der negative, tragische Aspekt des freien Willens, aber sie ist die Bedingung sine qua non, um wahrhaftig göttliches Leben zu erlangen, Leben, das in keiner Weise vorherbestimmt ist.

Wir haben die Wahl zwischen zwei diametral entgegengesetzten Alternativen: Gott entweder abzulehnen – darin besteht das Wesen der Sünde – oder Kinder Gottes zu werden. Da wir nach dem Bilde Gottes geschaffen sind, ist es für uns natürlich, die göttliche Vollkommenheit unseres Vaters erlangen zu wollen. Und wenn wir Ihm folgen, unterwerfen wir uns nicht dem Diktat irgendeiner fremden Macht: wir gehorchen lediglich dem uns innewohnenden Elan, uns seine Vollkommenheit anzueignen. „Darum sollt ihr vollkommen sein, wie euer Vater im Himmel vollkommen ist" (Mt 5,48).

> *Vater unser, der Du bist in den Himmeln*
> *Dein Name werde geheiligt*
>> *Du hast mir gewährt, Deine Heiligkeit zu erkennen, und es ist mein Wunsch, in Dir geheiligt zu werden.*
> *Dein Reich komme*
>> *Möge Dein herrliches Leben bei mir einkehren und zu dem meinigen werden.*
> *Dein Wille geschehe auf Erden*
>> *In der Erde meiner Geschöpflichkeit,*
> *Wie auch im Himmel*
>> *Wie er es in Dir ist seit Anbeginn.*
> *Gib uns unser tägliches Brot*
>> *„Das wahre Brot, das vom Himmel herabkommt und gibt der Welt das Leben" (Joh 6,33).*
> *Und vergib uns unsere Schuld, wie auch wir vergeben unseren Schuldigern*
>> *Kraft Deines Heiligen Geistes gewähre mir, den anderen so zu vergeben, dass nichts mich hindern möge, Deine Vergebung zu empfangen.*
> *Und führe uns nicht in Versuchung*
>> *Du kennst meine Verderbtheit; Du weißt, dass ich dazu neige, Deine Gebote zu brechen.*

Sende mir Deinen Engel, um dem Bösen den Weg zu versperren, wenn ich sündigen möchte (siehe Num 22.24).
Sondern erlöse uns von dem Bösen
Erlöse mich von der Macht des todbringenden Feindes, dem Widersacher von Mensch und Gott.

Am Anfang beten wir nur für uns selbst; aber wenn Gott uns durch den Heiligen Geist Einsicht gewährt, nimmt unser Gebet kosmische Dimensionen an. Wenn wir dann das ‚Vater unser' beten, schließen wir die ganze Menschheit mit ein und bitten um die Fülle der Gnade für alle genau so, wie für uns selbst: Geheiligt werde Dein Name in allen Völkern. Dein Reich komme zu allen Völkern, auf dass Dein göttliches Leben zu dem ihrigen werde. Dein Wille geschehe: nur Dein Wille verbindet alle in Liebe zu Dir. Erlöse uns von dem Bösen – von dem „Mörder" (Joh 8,44), der auf der ganzen Welt Hass und Vernichtung verbreitet. (Nach christlicher Auffassung existiert das Böse – wie auch das Gute – nur, wo es eine personale Seinsweise gibt. Ohne diese personale Form gäbe es das Böse nicht – höchstens Prozesse, die einer natürlichen Vorherbestimmung unterworfen sind.)

Das Problem des Bösen in der Welt im Allgemeinen und in der Menschheit im Besonderen, wirft die Frage nach Gottes Beteiligung am geschichtlichen Leben der menschlichen Gattung auf. Viele verlieren ihren Glauben, weil sie denken, wenn Gott existierte, gäbe es auf der Welt nicht eine solche Menge an Schlechtigkeit, und derart weit verbreitetes sinnloses Leiden wäre dann unmöglich. Sie vergessen, dass Gott die Freiheit des Menschen respektiert, die das fundamentale Prinzip Seiner Schöpfung „nach dem Bilde Gottes" bildet. Würde der Schöpfer sich einschalten, wenn der Mensch seine Neigungen zum Bösen entfaltet, wäre dies gleichbedeutend mit dem Entzug seiner Fähigkeit zur Selbstbestimmung und würde ihn völlig entstellen. Aber Gott kann den Einzelnen und ganze Nationen retten und tut es auch, wenn sie auf dem Weg gehen, den Er ihnen vorgezeichnet hat.

Christus sagte: „Ich bin nicht gekommen, um Frieden zu bringen auf Erden, sondern das Schwert" (Mt 10,34), und „Spaltung" (Lk 12,51). Christus rief uns dazu auf, auf der Ebene des Geistes zu kämpfen, und unsere Waffe ist „das Schwert des Geistes, welches ist das Wort Gottes" (Eph 6,17). Wir tragen unseren Kampf zu äußerst ungleichen Bedingungen aus. Hände und Füße sind uns gebunden. Wir wagen es nicht, mit Feuer und Schwert zu kämpfen: unsere einzige Waffe ist die Liebe, sogar zu unseren Feinden. Dieser einzigartige Krieg, in den wir verwickelt sind, ist tatsächlich ein heiliger Krieg. Wir ringen mit dem letzten und einzigen Feind der Menschheit – dem Tod (1 Kor 15,26). Unser Kampf ist ein Kampf um die universale Auferstehung.

Der Herr rechtfertigte und segnete die Reihe Seiner Vorfahren. Ebenso kann jeder von uns sich selbst in seinem individuellen Leben durch die Nachfolge Christi rechtfertigen, indem er das göttliche Bild in sich durch vollkommene Umkehr wiederherstellt, und dadurch mithelfen, die eigenen Vorfahren zu rechtfertigen. Wir tragen in uns das sündhafte Erbe unserer Vorfahren; und aufgrund der ontologischen Einheit der ganzen Menschheit bedeutet unsere eigene Heilung auch Heilung für sie. Wir sind alle so miteinander verbunden, dass der Mensch niemals nur sich selbst rettet.

Ich entdeckte, dass die Mönche auf dem Berg Athos dies sehr wohl verstanden hatten. Ein Mönch ist ein Mensch, der sein Leben Gott geweiht hat; er glaubt, wenn wir Gott ganz mit und in uns haben wollen, dann müssen wir uns Ihm ganz und gar übergeben, und nicht nur zum Teil. Ein Mönch verzichtet auf Ehe und Kinderzeugung, um Gottes Gebote so vollständig wie möglich beachten und halten zu können. Wenn ein Mönch sein wahres Ziel nicht erreicht – auf Erden ein Leben im Geiste der Gebote Christi zu führen – hat er seine Berufung als Mönch nicht recht verwirklicht. Anders ausgedrückt, sichert er weder das Weiterbestehen der Menschheit durch Zeugung von Kindern, noch fördert er mit seinem Leben die Unsterblichkeit durch die Auferstehung. Er entzieht sich der Geschichte, indem er positives Handeln auf der historischen – um nicht zu sagen politischen – Ebene verweigert; er erhebt die Existenz aber auch nicht auf die spirituelle, übergeschichtliche Ebene. Da er auf der universalen Ebene des spirituellen Kampfes keinen Sieg errungen hat, hilft er auch anderen Menschen nicht, diese göttliche Ebene zu erreichen. Dennoch, wenn ein Mönch die christliche Vollkommenheit auch nicht erlangt hat, so hilft er doch durch sein Bemühen der ganzen Welt.

Heilige Dreieinigkeit, Vater, Sohn und Heiliger Geist,
Alleinige Wahrheit und einziger wahrer Gott,
Ewig und Allmächtig,

*Der Du allein dem Betrübten Trost gibst
und den Schwachen aufrecht hältst,
Oh Du, ohne Den der Starke ermüdet
und der Kräftige erlahmt,
Du Allgütiger, ohne Den der Gesättigte hungert
und ohne Den der Jugendliche strauchelt:
Erhöre uns in unserer Trübsal
und erhebe uns zu einem Deiner würdigen Dienst
Wir bitten dich, erhöre eilends unser Flehen
und erbarme Dich unser.*

Wenn es einem Menschen durch die Gnade des Heiligen Geistes gegeben ist, „zum vollendeten Mann, zum vollen Maß der Fülle Christi" (Eph 4,13) zu gelangen, spiegelt sich ein solches Ereignis einerseits aufs Nachhaltigste im Schicksal der ganzen Menschheit wider, und andererseits reicht sein Einfluss über die Grenzen der Geschichte hinaus und reflektiert sich im Leben des ganzen Kosmos, denn die ganze Welt wurde für den Menschen geschaffen.

Wenn wir von dem Weg abweichen, den Christus uns vorgegeben hat – das heißt von der Vergöttlichung des Menschen kraft des Heiligen Geistes, verliert das Erscheinen des Menschen auf der Erde an sich seinen Sinn.

IX. VON DER UMKEHR UND VOM GEISTLICHEN KAMPF

Unser ganzes Erdenleben, von der Geburt bis zum letzten Atemzug, wird uns am Ende wie eine einzige Handlung erscheinen. Sein Inhalt und seine Qualität werden in einem Augenblick wahrgenommen. Stellen Sie sich ein reines Kristallglas mit Wasser vor. Ein Blick genügt, um festzustellen, ob das Wasser sauber ist oder nicht. So wird es auch mit uns sein, wenn wir ins Jenseits hinüber gegangen sind. Selbst der unbedeutendste Impuls unseres Herzens hinterlässt seine Spur in der Gesamtsumme unseres Lebens. Nehmen wir einmal an, dass ich nur ein einziges Mal im Verlauf meiner ganzen Existenz einen bösen Impuls hatte, zum Beispiel jemanden umzubringen. Solange ich diesen Gedanken nicht durch einen

Akt der Buße aus meinem Herzen verbanne, wird er in mir bleiben wie ein schwarzer, unmöglich zu verbergender Fleck. „Denn nichts ist verborgen, was nicht offenbar wird, und nichts ist geheim, was man nicht wissen wird" (Lk 12,2). Wir trösten uns oft mit dem Gedanken, dass niemand gesehen hat, was wir taten, oder weiß, was wir denken. Sehen wir aber dieses Leben als Vorbereitung auf das Ewige Leben an, streben wir danach, uns solch in uns verborgener finsterer Bereiche zu entledigen, dann ist das Bild nicht mehr das gleiche.

„Wenn wir sagen, wir haben keine Sünde, so betrügen wir uns selbst, und die Wahrheit ist nicht in uns. Wenn wir aber unsere Sünden bekennen, ist er treu und gerecht, dass er uns die Sünden vergibt und reinigt uns von aller Ungerechtigkeit" (1 Joh 1,8-9). Wenn wir reuevoll umkehren und uns mit aller Entschiedenheit vor Gott und den Menschen schuldig sprechen, sind wir innerlich gereinigt. Das Wasser im Glas ist rein geworden, da es durch den spirituellen Filter der Umkehr gelaufen ist. Wenn ich also beichte, überführe ich mich eines jeglichen Übels, denn es gibt keine einzige Sünde auf der ganzen Welt, derer ich nicht schuldig bin, und sei es auch nur für eine Sekunde. Wer kann mit Sicherheit behaupten, dass er vollkommen frei ist von leidenschaftlichen Impulsen? Und wenn ich auch nur einen flüchtigen Moment lang von einem bösen Gedanken festgehalten wurde, wer will mir garantieren, dass er sich nicht in eine Ewigkeit verwandelt? Deshalb müssen wir unsere Sünden, soweit wir uns ihrer bewusst sind, mit aller Gründlichkeit bekennen, damit wir sie bei unserem Tod nicht mit uns nehmen.

Direkter Widerstand ist nicht immer das wirkungsvollste Mittel, sündhafte oder schlichtweg eitle Gedanken zu besiegen. Die beste Methode besteht oft darin, unsere Gedanken auf „den gnädigen Willen des Vaters" zu richten (siehe Eph 1,5). Um unser Leben rechtschaffen zu führen, ist es von äußerster Wichtigkeit zu wissen, dass wir bereits vor der Schöpfung der Welt dazu bestimmt waren, vollkommen zu sein. Diesen ursprünglichen Plan Gottes für uns nicht ernst zu nehmen, ist nicht nur ein Irrtum, sondern eine Sünde. Weil wir weder in uns, noch in unseren Mitmenschen dauerhafte Tugenden entdecken können, behandeln wir uns gegenseitig wie wilde Tiere des Dschungels und schlachten uns skrupellos gegenseitig ab. Was für ein Paradox der Mensch doch ist – über ihn nachzudenken entlockt uns einerseits freudiges Erstaunen und andererseits Erschrecken über seine bestialische Grausamkeit. Unsere Seele fühlt sich gedrängt, für die Welt zu beten, aber ihr Gebet wird niemals ihr Ziel ganz erreichen, da nichts und niemand den Menschen seiner Freiheit berauben kann, sich dem Bösen hinzugeben und die Finsternis dem Licht vorzuziehen (siehe Joh 3,19).

Das Gebet, das wir „in der Wahrheit" an Gott richten, ist unvergänglich. Ab und zu mögen wir wohl vergessen, worum wir gebeten haben, aber Gott bewahrt unser Gebet für immer. Am Tag des Gerichts wird all das Gute, welches wir getan haben, uns zu unserer Ehre zur Seite stehen. Und umgekehrt: das Böse, das wir nicht bereut haben, wird uns richten und uns in die tiefste Finsternis werfen. Reuevolle Umkehr kann die negative Wirkung der Sünde auslöschen. Die Macht Gottes kann unser Leben in seiner ganzen Fülle wieder herstellen – jedoch nicht durch einseitiges Einschreiten Gottes, sondern immer und nur mit unserem Einverständnis. Gott tut im Leben des Menschen nichts ohne dessen Mitarbeit.

Wir nennen Gottes Teilnahme am Leben des Einzelnen ‚Vorsehung'. Diese Vorsehung hat nichts mit dem ‚Schicksal' der Heiden gemein: in bestimmten kritischen Situationen entscheiden wir uns in der Tat selber für die eine oder die andere Seite. Wenn wir mit mehreren Möglichkeiten konfrontiert sind, sollte unsere Entscheidung von dem höchsten Ziel, das wir anstreben, motiviert sein: dem Königreich unseres Vaters. Doch nur zu häufig werden wir von anderen, näher liegenden Überlegungen beeinflusst und entfernen uns vom Weg der Wahrheit, der uns von Gott angeboten wird; so begeben wir uns auf falsche Wege, die uns nicht zu der erhofften Morgenröte führen. Was auch immer wir für eine Wahl treffen, Leid ist unvermeidlich. Wenn wir allerdings den Weg Gottes wählen, wird uns dieses Opfer Christus ähnlich machen. „Vater, willst du, so nimm diesen Kelch von mir! Aber nicht mein, sondern dein Wille geschehe" (Lk 22,42).

Wenn es dem Menschen gegeben ist, den im Vergleich zu jeder anderen Aktivität – sei es auf dem Gebiet der Wissenschaft, der Kunst, der Medizin, oder der politischen oder sozialen Tätigkeit – überragenden Wert des Gebets zu erkennen, fällt es ihm nicht schwer, materiellen Wohlstand der Freude darüber zu opfern, mit Gott im Zwiegespräch zu sein. Es ist ein unvergleichliches Vorrecht, mit seinem Geist im Unvergänglichen weilen zu können, in dem, was jenseits der hervorragendsten Errungenschaften der Wissenschaft, Philosophie, Kunst und so weiter liegt. Anfangs mag der Kampf um dieses Privileg unvergleichlich hart erscheinen; doch sind mir mehrere Beispiele bekannt, wo die Suche nach der Freiheit zum Gebet zwingend geworden ist.

Gebet gewährt die Erfahrung einer spirituellen Freiheit, welche der Mehrheit der Menschen unbekannt ist. Als erstes Zeichen dieser Emanzipation hören wir auf, dem anderen unseren Willen aufzuzwingen. Zweitens befreien wir uns innerlich vom Einfluss der anderen auf uns. Die Herrschaft über den Wunsch zu dominieren, ist eine extrem wichtige Etappe, dicht gefolgt von der Abneigung, unseren Bruder unter Druck zu setzen. Der Mensch ist nach dem Bilde Gottes geschaffen, der demütig ist, aber gleichzeitig auch frei. Daher ist es nur normal und natürlich für ihn, dem Bild Seines Schöpfers zu entsprechen und davon Abstand zu nehmen, über andere Kontrolle auszuüben, während er selbst kraft der Gegenwart des Heiligen Geistes in seinem Inneren frei und unabhängig ist. Wer von Machtstreben besessen ist, verzerrt das Bild Gottes in sich. Das Licht des wahren Lebens weicht von ihm und lässt quälende Leere und hohle Verzweiflung zurück. Das Leben ist sinnlos. Wenn der Heilige Geist uns durch Seine sanfte Gegenwart in unserer Seele dazu befähigt, unsere Leidenschaften zu meistern, erkennen wir, dass es dem Geist der Liebe widerspricht, auf andere herabzusehen. Und wenn ich keine Nächstenliebe habe, ist alles andere – selbst die Gabe der Prophezeiung, Einsicht in alle Geheimnisse oder die Macht, Wunder zu vollbringen – ohne Nutzen für mich (siehe 1 Kor 13,1-3).

Spirituelle Freiheit ist eine erhabene Gnade. Ohne sie gibt es kein Heil – das Heil, das uns als die Vergöttlichung des Menschen geoffenbart wurde, als die Aneignung der göttlichen Gestalt des Seins durch den Menschen.

Es ist unerlässlich, dass der Mensch seinen freien Willen benutzt, um sich für alle Ewigkeit selbst zu bestimmen. Der einzig wahre Führer in dem Kampf, diese unbeschreiblich hohe Berufung zu erfüllen, ist das Gebot Christi. Die ganze Schöpfung seufzt in der Sklaverei der Vergänglichkeit und wartet sehnsüchtig auf die Befreiung durch „das Offenbarwerden der Kinder Gottes" (Röm 8,19-23). Es schmerzt zu sehen, dass kaum jemand begreift, worin die echte göttlich-königliche Freiheit der „Kinder Gottes" besteht.

Intensives Gebet kann Herz und Geist in ihrem glühenden Verlangen nach dem Ewigen so hoch erheben, dass die Vergangenheit in Vergessenheit gerät und kein Gedanke an eine irdische Zukunft mehr auftaucht, da die ganze innere Aufmerksamkeit auf einen einzigen Punkt gerichtet ist: Gottes würdig zu werden. Tatsächlich ist es so, dass wir, je intensiver unsere Suche nach dem Unendlichen ist, desto langsamer voranzukommen scheinen. Der überwältigende Unterschied zwischen unserer Nichtigkeit und der unerforschlichen Majestät Gottes, den wir suchen, macht es uns unmöglich, mit Sicherheit zu beurteilen, ob wir vorwärts- oder rückwärtsgehen. In seiner Kontemplation von Gottes Heiligkeit und Demut entwickelt sich das spirituelle Verständnis des Menschen schneller als seine Fähigkeit, sein Verhalten dem Wort Gottes anzugleichen. Daraus erwächst der Eindruck, der Abstand zwischen ihm und Gott werde immer größer. Der Vergleich mag weit hergeholt sein, aber das gleiche Phänomen kennt jeder echte Künstler oder Wissenschaftler: die Inspiration übersteigt bei weitem die Fähigkeit, sie auch auszudrücken. Für einen Künstler ist es normal zu spüren, wie ihm sein Objekt immer mehr entgleitet. Und wenn dies für die Kunst zutrifft, so um so mehr dort, wo es um das Verstehen der unbegreiflichen und anfangslosen Gottheit geht. Jeder Künstler kennt die Qualen, die den Versuch begleiten, seine ästhetische Vision zu verwirklichen. Die Seele eines Beters ist oft noch sehr viel stärker zermartert. Die Bestürzung, die ihn ergreift, wenn er sich im Griff hässlicher Laster sieht, bringt ihn dazu, immer tiefer in den innersten Kern seines Wesens einzudringen. Diese Konzentration kann sich wie ein Schraubstock auswirken, in dem Herz, Verstand und Leib zusammengepresst sind, wie eine fest geschlossene Faust. Das Gebet wird zu einem wortlosen Schrei, und das Bedauern über die Entfernung, die ihn von Gott trennt, verwandelt sich in tiefes Leid. Sich im schwarzen Abgrund der Sünde zu sehen, abgeschnitten vom Heiligsten der Heiligen, ist wahrhaftig niederschmetternd.

Das Gebet vollzieht sich oft ohne Worte. Wenn Worte da sind, kommen sie langsam und von langen Pausen unterbrochen. Unser menschliches Wort ist Abbild Des Wortes, „das am Anfang war". Wenn die Worte intellektuelles Wissen reflektieren, haben sie zweifellos metaphysische Wurzeln, besonders wenn es sich um die Erkenntnis Gottes handelt. In diesem Zusammenhang haben die Kirchenväter in ihrem Versuch, das Unaussprechliche mit Hilfe von Begriffen und Kategorien, die sie innerhalb der weltlichen Erfahrung fanden, auszudrücken, eine gewisse Parallele zwischen der Beziehung von ‚Gott-dem-Vater' und ‚Gott-dem-

Wort' einerseits und der Wechselbeziehung zwischen unserem Intellekt und unserem Wort andererseits entwickelt. Sie unterschieden zwischen dem inneren Wort, das unserem Intellekt immanent ist – dem emphytos logos, und dem artikulierten, ausgedrückten Wort – dem enarthros logos. Ersteres weist eine gewisse Ähnlichkeit mit ‚Gott-dem-Wort' auf, das ‚im Schoße des Vaters ist' (Joh 1,18); das zweite darf als eine Analogie mit der Menschwerdung Christi angesehen werden. Und wenn ‚Gott-das-Wort' in Seinem ewigen Sein eines Wesens mit dem Vater und Ihm gleich ist und mit Ihm herrscht, so konnte Er in Seiner Menschwerdung, als Menschensohn, sagen: „... der Vater ist größer als ich" (Joh 14,28). Ebenso vermittelt das gesprochene Wort nicht die Gesamtheit der göttlichen Wirklichkeit, deren Kenntnis den Propheten, Aposteln und Vätern in Visionen und Offenbarungen gegeben wurde. Indessen, wenn eine Vision wiedergegeben wurde, verbarg sich ihr Inhalt für den Zuhörer mehr, als für die Propheten selbst, da die Offenbarung, die ihnen die zu sprechenden Worte eingab, für sie nicht dadurch abgeschwächt wurde, dass diese ausgesprochen wurden. Entsprechend machte die Menschwerdung den Sohn für den Vater nicht geringer.

Durch die ganze Geschichte hindurch suchten die Lehrer der Kirche nach Mitteln und Wegen, der Welt ihr Wissen über das göttliche Sein mitzuteilen. In ihren Versuchen fanden sie sich beständig hin und her gerissen zwischen dem Widerstreben, ihre bildlose Kontemplation des einzig und allein wesentlichen Mysteriums aufzugeben, und der Liebe, die sie aufrief, ihren Brüdern dieses Mysterium mitzuteilen. Gott drängte Seine Heiligen – und Er tut dies immer noch – von den Gaben des Himmels zu sprechen. Wir können sehen, wie sich dies auf den heiligen Paulus auswirkte: „Denn dass ich das Evangelium predige, dessen darf ich mich nicht rühmen; denn ich muss es tun. Und wehe mir, wenn ich das Evangelium nicht predigte! Täte ich's aus eigenem Willen, so erhielte ich Lohn" – ein Ausgiessen der Gnade –, „tue ich es aber nicht aus eigenem Willen, so ist mir doch das Amt anvertraut" (1 Kor 9,16-17). Vielen Asketen durch die Jahrhunderte der Geschichte des Christentums ging es nicht anders. Wir können das gleiche beim heiligen Siluan feststellen, der schreibt: „Meine Seele liebt den Herrn, und wie kann ich das Feuer, das sie entzündet und wärmt, verbergen? Wie kann ich die Gnade des Herrn, die meine Seele entzückt, verheimlichen? Wie könnte ich die Gnade des Herrn vergessen, die meiner Seele erlaubt hat, Gott zu erkennen? Wie kann ich Frieden bewahren, wenn meine Seele in Gottes Liebe gefangen ist? Wie kann ich schweigen, wenn mein Geist Tag und Nacht von Liebe für Ihn brennt?"

Unmöglich zu schweigen; aber genau so unmöglich ist es, die Stimme zu erheben. Und dies nicht wegen fehlender Worte, sondern weil der Heilige Geist unseren Geist einer tiefen Ruhe zuneigt und ihn in eine andere Welt entrückt. Der selige Starez Siluan sagt weiter: „Gott schenkte uns den Heiligen Geist; wir haben das Lied des Herrn gelernt und die Sanftmut der Liebe hat uns die Welt vergessen lassen ..."

„Gnadenvoll ist der Herr!"
„Und damit tritt die Seele in tiefe Stille ein."

X. DURCH FINSTERNIS ZUM LICHT

„Ein Mensch ist zur Welt gekommen" (Joh 16,21). Vor Christus hatte niemals jemand mit solchem Entzücken das Erscheinen des Menschen begrüßt, es sei denn Der, der den Menschen schuf. Der Schöpfer des Universums erfreute sich mehr am Menschen als daran, dass „die Morgensterne allzumal frohlockten" (Hiob 38,7). Der Mensch ist kostbarer als der ganze übrige Kosmos. Ein vollständiger und vollkommener Mensch ist bewundernswert, ebenso wie Gott selbst bewundernswert ist. Er ist unsterblich und suprakosmisch. Er ist mehr als ein Mikrokosmos – er ist ein „Mikrotheos". Denn für den ewigen Logos des Vaters bedeutet Fleisch geworden, „dem Menschen gleich geworden" (Phil 2,7) zu sein, dass der Mensch durch die Gabe Seiner Liebe nun seinerseits, bis hin zur völligen Übereinstimmung, wie Gott werden kann.

Zwischen Gott und dem Menschen gibt es und muss es ein gemeinsames Maß geben, trotz all dem, was nicht mit dem gleichen Maß messbar ist. Die Vorstellung der Vergleichbarkeit von uns zu weisen, würde es uns verunmöglichen, irgendeine Form der Erkenntnis als Wahrheit zu interpretieren, das heißt als der Wirklichkeit des Höchsten Wesens entsprechend. Wenn der Mensch aufgrund der Beschaffenheit seines Geistes Gott nicht ähnlich wäre, hätte Gott auch nicht Mensch werden können. In der überwältigenden Glückseligkeit seines absolut vollkommenen Wesens hatte Gott in seiner unendlichen Güte den Wunsch, diese Seligkeit ‚außerhalb' Seiner Selbst zu gewähren, und so schuf Er eine Welt mit vernunftbegabten Wesen. Er schuf sie nicht, damit sie nur einen gewissen Teil Seiner Seligkeit empfingen – jegliches begrenzende Element wäre in der Tat ein Zeichen der Unähnlichkeit und schlösse ewige Einheit mit Gott auf der höchsten Ebene aus.

Die Doktrin, dass der Mensch nicht nur bis zu einem gewissen Grad, sondern vollkommen gottähnlich werden kann, bildet die Wurzel unserer christlichen Anthropologie. Als Bild und Gleichnis des Absoluten ist sich der Mensch bewusst, dass er kraft seines Geistes jede andere Form natürlicher Existenz transzendiert. Im Gebet schauen wir, zwar nicht vollkommen, aber vorausahnend, die göttliche Unendlichkeit in uns. Die Vervollkommnung dieser Ähnlichkeit hebt jedoch den ontologischen Unterschied zwischen Gott, dem Schöpfer, und dem Menschen als seinem Geschöpf nicht auf.

Die Tragödie kam durch den Sündenfall in die Schöpfung und nimmt durch unsere andauernde Unbeständigkeit ihren Fortgang. Wir neigen zum Bösen und verachten und bekämpfen es doch; und obgleich wir das Verlangen nach dem absoluten Gut, nach Gott, in uns tragen, verwerfen wir Ihn und widerstehen Ihm.

Christus, der Gott und Mensch untrennbar in Sich verband, ist die einzig mögliche Lösung dieses offenbar unlösbaren Konfliktes. Er ist in Wahrheit „der Retter der Welt" (Joh 4,42). Er ist das Maß aller Dinge, der menschlichen und der göttlichen. Er ist der einzige Weg zum Vater. Er ist die Sonne, die das Universum erleuchtet. Nur in Seinem Licht können wir den Weg erkennen.

Wir werden von Natur aus zu dem Allerhöchsten hingezogen, aber unsere Pilgerreise muss mit einem Abstieg in den Abgrund der Hölle beginnen. Der heilige Paulus sagte von Christus: „Wenn er aber hinaufstieg, was bedeutet dies anderes, als dass er auch in die Tiefen der Erde hinabstieg? Derselbe, der hinabstieg, ist auch hinaufgestiegen bis zum höchsten Himmmel, um alles zu erfüllen" (Eph 4,9-10). Seit dem Sündenfall ist das der Weg – auch für uns. In unserem Bewusstsein steigen wir hinab in die Hölle; tatsächlich werden wir uns von dem Augenblick an, da uns das Bild des Ewigen Menschen geoffenbart wird, mit größerer Schärfe unseres Zustandes von Ignoranz und Finsternis bewusst. Wir werden von Schmerz überwältigt. Die Angst unseres Geistes ist so erstickend, dass kein körperlicher Schmerz mit diesem metaphysischen Leid vergleichbar ist. Mit den letzten uns verbleibenden Kräften bitten wir um Hilfe von oben. Als Gefangene der Sünde sehen wir uns von Gott getrennt, und wir rufen aus der Tiefe des Abgrundes: „Der Tod hat mich befallen. Komm und mache mich gesund. Eile herbei und reinige mich von aller Unreinheit. Komm und vollbringe in mir all das, was wohlgefällig ist vor Deinen Augen. Ich bin gefangen, in der Finsternis. Ich habe nicht die Kraft, mich zu Dir zu erheben."

Unter ‚Finsternis' und ‚Unreinheit' verstehen wir hier den Stolz. Der Stolz ist die Wurzel aller Sünde. Christus begann Seine Verkündigung auf Erden mit einem Aufruf zur Umkehr – einem radikalen Wechsel unserer Sichtweise des Lebens. Unsere gewohnte Perspektive verkehrt sich in ihr Gegenteil: Demut erhöht, und Stolz führt zum Fall. Gott hat Sich uns in absoluter Demut gezeigt. Dies ist der Beginn der Umkehr, die nie mehr aufhören wird, solange wir leben, denn ein Ende wäre gleichbedeutend mit vollkommener Vergöttlichung – der Gleichheit mit Christus-Gott.

Es ist eine Tatsache, dass ein schmerzerfülltes Gebet allumfassend wird. Nichts bleibt mehr im Verstand oder im Herzen: der Tod verschlingt die ganze Schöpfung und an erster Stelle uns selbst. Und siehe, es erscheint, „was kein Auge gesehen und kein Ohr gehört hat und was in keines Menschen Herz gekommen ist" (1 Kor 2,9) – ein Lichtstrahl der ungeschaffenen Sonne, der tief in unsere Dunkelheit eindringt.

Dieses göttliche Licht, verborgen und geheimnisvoll von Natur, gewährt der Seele neues Leben. Körperlos und unsichtbar – und doch manchmal geschaut – zieht es den Geist des Menschen sachte an sich; und die Welt mit ihren Ängsten ist vergessen. In seiner Sanftheit ist es mächtiger als alles. Es tröstet die Seele; das Herz schmilzt; die Gedanken kommen zur Ruhe. Es ist von Liebe durchtränktes Leben. Zweifel und Angst werden vertrieben. Der Tod flieht vor seinem Angesicht.

Oh Heiliger Geist, geheimnisvolles Licht;
Unerforschliches Licht, Licht jenseits aller Namen:
Komm und verweile in uns.
Erlöse uns von der Finsternis unseres Unwissens
und fülle uns mit dem Strom Deiner Erkenntnis.

Dieses Licht der Gottheit ist unaussprechlich sanft, man bemerkt es kaum, wenn es sich nähert. Es kann während der Nachtwache oder mitten am Tage kommen. Ausgeglichenes Licht, geeint, ist es der Hauch der Liebe. Es bringt Frieden. Es schenkt uns die Erfahrung der Auferstehung. Der Geist des Menschen betritt den Bereich, in dem es keinen Tod mehr gibt. Die Zeit ist aufgehoben. Die Welt, bislang vom Tod zerschunden, kommt zum Leben zurück.

Herr Jesus Christus, ewiges Licht,
vom Vater ausgehend schienst Du vor aller Zeit.
Du hast die Augen des Blindgeborenen aufgetan:
Öffne Du auch die Augen unserer Herzen
und gewähre uns, Dich zu schauen,
unseren Schöpfer und unseren Gott.

Gewähre uns, das Wort des Evangeliums Jesu Christi als unsterbliches Licht zu erkennen, als schöpferische göttliche Kraft, als eine neue Phase der Schöpfung, nicht in Form eines Befehls: „Es werde ...!" (siehe Gen 1) – sondern als Dialog mit einem verstandesbegabten Wesen. „Aus freiem Willen hat er uns durch das Wort der Wahrheit geboren" (Jak 1,18).

Das Wort Christi drängt sich nicht mit Gewalt auf: der Mensch ist frei, es abzulehnen, auch wenn die ganze Welt durch Sein Wort gerichtet werden wird. Wer es annimmt, weiß, woher es kommt – weiß, ob es vom Menschen stammt, oder ob es in Wahrheit „vom Vater des Lichts" zu uns kommt (siehe Joh 7,17; Jak 1,17).

Christus ist das Licht der Welt. Er offenbarte uns den Himmlischen Vater und zeigte uns, was der Mensch ist. Ohne Ihn hätten wir nur ein sehr dürftiges Verständnis von Gott oder vom Menschen. Christus ist die ewige Wahrheit, die alle ‚wissenschaftlichen Wahrheiten' transzendiert, die ja per se vergänglich sind. Es ist unmöglich, die Wahrheit – Christus ist die Wahrheit (Joh 14,16) – auf andere Weise zu erkennen, als auf Ihn zu hören: „Wenn ihr bleiben werdet an meinem Wort, so seid ihr wahrhaftig meine Jünger und werdet die Wahrheit erkennen, und die Wahrheit wird euch frei machen ... Wahrlich, wahrlich, ich sage euch: Wer mein Wort hält, der wird den Tod nicht sehen in Ewigkeit ... Wer mich liebt, der wird mein Wort halten; und mein Vater wird ihn lieben, und wir werden zu ihm kommen und Wohnung bei ihm nehmen." (Joh 8,31-32.51; 14,23). Er wird Wohnung in uns nehmen, nicht nur für kurze Zeit, sondern in alle Ewigkeit.

Somit wissen diejenigen, die Christus auf die eine oder andere Weise ablehnen, nicht, Was und Wen sie da zurückweisen. Christus ist Weisheit vor aller Zeit, verborgene Weisheit, welche die Herrscher und Diener dieser Erde nicht kennen: „Wir reden von der Weisheit Gottes, die im Geheimnis verborgen ist" (1 Kor 2,7). Bevor Christus auf die Erde kam, wandelten die ganze Welt und alle Völker der Erde in Dunkelheit und kannten den Weg nicht, der zum Reich Gottes und zu unserem Vater führt. Jetzt wurden uns diese Geheimnisse geoffenbart. Uns wurde gesichertes Wissen über den höchsten Sinn unseres Daseins auf Erden gegeben. Christus verkündete die Liebe des Vaters zu uns und zeigte uns den Vater in Sich Selbst. Aber wir schlugen Ihn ans Kreuz, und als er dort oben hing, verspotteten wir Ihn; und das tun wir bis auf den heutigen Tag.

XI. EWIGKEITSERFAHRUNG IM GEBET

Herr Jesus Christus, Sohn des Lebendigen Gottes,
Wir bitten Dich und flehen Dich an:
verwirf uns nicht von Deinem Angesicht.
Erzürne Dich nicht über uns
wegen unserer Schlechtigkeit,
sondern erscheine uns,
Oh Licht der Welt,
und zeige uns das Mysterium Deiner Wege des Heils,
auf dass wir Söhne und Töchter Deines Lichtes werden.

Richte Deinen Geist auf Gott, und der Augenblick wird kommen, wo du die Anwesenheit des ewigen Geistes im Herzen verspürst. Diese wunderbare Annäherung des Allheiligen Gottes erhebt den Geist in Bereiche des ungeschaffenen Seins und eröffnet unserem Denken eine neue Sicht all dessen, was ist. Wie Licht strömt die Liebe über die ganze Schöpfung. Obwohl unser physisches Herz diese Liebe spürt, ist sie doch spiritueller, metaphysischer Natur.

Damit wir „wissen können, was uns von Gott geschenkt ist" (1 Kor 2,12), zieht sich Gott für gewisse Zeit zurück, nachdem Er uns besucht hat. Es ist ein merkwürdiges Gefühl, wenn Gott uns verlässt. In meiner Jugend war ich Kunstmaler, und die natürliche Gabe zu malen ist nie von mir gewichen. Ich mag zu müde sein um zu malen; die Inspiration mag fehlen, aber ich weiß doch, dass die Begabung als Teil meines gesamten Seins in mir liegt. Mit Gott ist es anders. Wenn Gott Sich zurückzieht, entsteht eine innere Leere, und ich kann nicht sicher sein, ob Er nochmals zurückkommt. Er ist verschwunden. Ich fühle mich leer und tot. Als Er zu mir kam, besaß ich etwas, das jede Vorstellung übersteigt. Und plötzlich bin ich zurückversetzt in meinen früheren Zustand, der mir, bevor Er kam, normal und befriedigend erschien. Doch nun erschreckt er mich. Ich wurde in den Palast des Großen Königs eingelassen, nur um wieder hinausgeschickt zu werden. Solange ich dort war, wusste ich, dass ich als Sohn im Hause meines Vaters war, nun aber stehe ich draußen und fühle mich erbärmlich.

Diese Wechsel lehren uns den Unterschied zwischen den natürlichen Gaben und solchen, die aus reiner Gnade von oben gewährt werden. Das Gebet war der Anlass für die erste Begegnung. Und ich hoffe, wieder mit dem Gebet, aber mit einem immer inbrünstigeren Gebet, auf Sein Zurückkommen. Und Er kommt wirklich wieder. Oft, ja gewöhnlich sogar ändert Er die Art seiner Besuche, und dadurch mache ich laufend neue Erfahrungen auf spirituellem Gebiet. Einmal ist es peinvoll, und beim nächsten Mal Freude – aber ich wachse dabei. Ich lerne, mich in diesem neuen Gebiet zurecht zu finden.

Die Bemühung um das Gebet ist die schwierigste aller asketischen Praktiken. Unser Geist wird einem ständigen Wechsel ausgesetzt sein. In gewissen Augenblicken wird das Gebet wie ein starker Fluss dahinströmen, während sich unser Herz zu anderen Zeiten ausgetrocknet und verhärtet fühlen wird. Aber jene Phasen, in denen wir unseren Eifer verlieren, sollten im Laufe der Zeit immer kürzer werden.

Während wir beten, sind wir uns der Gegenwart Gottes bewusst; sie bestätigt unseren Glauben, auch wenn wir die Fülle der Erfahrung, nach der wir streben, nicht erreichen. Wir nähern uns dem Ende unserer langen Suche nach den Tiefen des Seins – einer Suche, die uns vordem von einem spirituellen Abenteuer ins nächste führte. Jetzt beschleunigen wir unseren Schritt, um an das Ziel zu gelangen, das Christus uns zeigt, von der Größe der vor uns liegenden Aufgabe nicht entmutigt, sondern beflügelt. Unser Schöpfer kennt die äußersten Möglichkeiten der menschlichen Natur besser als wir selbst. Und wenn die Offenbarung erklärt, dass wir „vor der Erschaffung der Welt" (Eph 1,4) in Christus erwählt wurden – was Johannes, Petrus, Paulus und die anderen Apostel klar erkannten – wie können wir dann zurückweichen vor der einzig würdigen Berufung, womit verglichen sämtliche anderen Ziele und Beschäftigungen in Bedeutungslosigkeit versinken? Gott lädt jeden von uns zu Seinem Festmahl ein – diese Einladung anzunehmen oder abzulehnen, liegt bei uns: „Viele sind berufen, doch wenige sind auserwählt" (Mt 22,14). Wir sind natürlich nicht mutiger als die Jünger, die Angst hatten, als sie mit Christus nach Jerusalem hinaufzogen, wo er „den Hohenpriestern und Schriftgelehrten ausgeliefert" werden (Mk 10,32-33) und mit Schimpf und Schande zum Tode verurteilt werden sollte.

> *Oh Herr Jesus Christus, der Du der Widerschein des*
> *Vaters bist,*
> *getreues Abbild Seiner Person;*
> *vollkommener Abdruck Seines Wesens und Seiner Natur:*
> *Öffne unsere Herzen und festige unseren Sinn,*
> *auf dass wir Dich erkennen mögen,*
> *Den Eingeborenen und geliebten Sohn des Vaters.*
> *Sieh, in Ehrfurcht und Glauben stehen wir vor Dir,*
> *und vertrauen unsere Verzweiflung*
> *Deiner unergründlichen Barmherzigkeit an.*
> *Richte uns auf kraft Deines Heiligen Geistes,*
> *und so werden wir Deinen Schritten folgen.*

Es ist seltsam, wie sich sogar gelehrte Historiker auf dem Gebiet rein weltlicher Angelegenheiten ohne zu zögern auf das Zeugnis eines einzigen Menschen verlassen. Wenn die Sache jedoch auf einer anderen Ebene liegt, rufen sogar die Aussagen von hunderten von Zeugen nicht die geringste positive Reaktion hervor. Warum ist das so? Ich denke, es liegt weniger daran, dass das Zeugnis falsch ist und nicht den objektiven Tatsachen entspricht, sondern daran, dass die Mehrheit der Menschen mit weltlichen Dingen zufrieden ist und kaum ein Bedürfnis nach höherer Erkenntnis verspürt. Aber „Fleisch und Blut können das Reich Gottes nicht erben; auch wird das Verwesliche nicht erben die Unverweslichkeit" (1 Kor 15,50).

Das ewige Leben wurde uns geoffenbart: „Was von Anfang an war, was wir gehört haben, was wir mit unseren Augen gesehen, was wir geschaut und was unsere Hände betastet haben" (1 Joh 1,1). Und doch lebt die Masse der Menschen im zwanzigsten Jahrhundert der Geschichte des Neuen Testaments, als ob sie noch im Alten Bund sei, aber ohne die geringste Erwartung eines kommenden Messias. Schlimmer noch: wir erreichen noch nicht einmal das Niveau des Mosaischen Gesetzes. Überall herrscht Leid. Die Luft hallt wider vom Stöhnen der Unterdrückten. Abermillionen von Unglücklichen kämpfen darum, und sei es nur für eine Weile, dem drohenden Tod zu entkommen. Tag um Tag hören wir von Hungersnöten, Gewalttaten und Massakern. Der Alptraum hat kein Ende. Andere wiederum mögen sich um einen Ausweg aus der Dunkelheit ihrer spirituellen Unwissenheit bemühen: sie hungern nach der Wahrheit. Aber wenn dann diese Wahrheit, die sie scheinbar so sehr gewünscht haben, in ihrer ganzen göttlichen Vollkommenheit erscheint, verschließen sie ihr Herz gegenüber der Macht der Unsterblichkeit – denn selbst wenn „der Geist willig" ist, ist „das Fleisch schwach" (vgl. Mt 26,41). Sie verachten Den, der gesagt hat: „Ich bin die Wahrheit" (Joh 14,6) und laufen über zur Gruppe der Verfolger. Nach den Worten von Tertullian ist „das beste Mittel, in den Augen der Verfolger der Wahrheit Gunst zu finden [ist], sie zu verschleiern und zu verdrehen" (Apologeticus 46).

Die Vorstellung ist erschreckend, dass manche Leute der unvergänglichen Ehre, die der mit dem Vater gleichewige Sohn Gottes uns in Sich Selbst anbietet, alles Mögliche vorziehen. Ist es Halbherzigkeit, die uns davon abhält, an unsere edle Berufung zu glauben? Ist unsere Natur, die ja täglich vor unseren Augen der Verderblichkeit unterworfen wird, wirklich einer so erhabenen und heiligen Ewigkeit fähig? Doch, ja. Der uns geschaffen hat, legt Zeugnis davon ab. Er nahm die Form des Lebens an, welche Er Selbst geschaffen hat, um als Mensch in unserem Fleisch die Vollkommenheit des Vater zu erweisen, zu der auch wir berufen sind.

„Seid getrost, ich habe die Welt überwunden" (Joh 16,33). Wenn Er die Welt besiegt hat, bedeutet das, dass Er als Mensch supra-kosmisch wurde. Und jeder, der an Ihn glaubt, wird wie Er ebenfalls supra-kosmisch, indem er über „das Gesetz der Sünde, das in meinen Gliedern ist" triumphiert (Röm 7,23).

„Vater, die Worte (...) und die Herrlichkeit, die du mir gegeben hast, habe ich ihnen gegeben. Vater ich will, dass die, die du mir gegeben hast, dort bei mir sind, wo ich bin, und dass sie meine Herrlichkeit sehen, die ich bei dir hatte vor der Erschaffung der Welt" (siehe Joh 17,5.8.24).

Um diese Herrlichkeit zu schauen, müssen wir in eben dieser Herrlichkeit sein, sonst können wir sie nicht sehen. Um auch nur zu erahnen, „wer dieser ist?" (siehe Mt 21,10), müssen wir werden wie Er, indem wir in Seinem Wort bleiben. Wer Ihm nicht im Glauben nachgefolgt ist, wer Ihn nicht geliebt hat und folglich auch Seine Gebote nicht befolgt hat, kann kein Urteil darüber fällen, weil ihm jegliche Basis für seine Meinung fehlt. Um das Genie eines Wissenschaftlers oder Malers schätzen zu können, ist eine gewisse Kenntnis der Wissenschaft oder Kunst Voraussetzung. Auf der spirituellen Ebene ist es nicht anders. Nur wenn unser Leben auf dem ‚Fels Seines Wortes' (siehe Mt 7,24-25) gegründet ist, erhalten wir Antwort auf die Frage: „Wer ist dieser?" Christus selbst hat gesagt: „Niemand kennt den Sohn, als nur der Vater, und niemand kennt den Vater, als nur der Sohn und wem es der Sohn offenbaren will" (Mt 11,27).

Der aus dem Nichts ins Sein heraufgeführte Mensch wird von Seinem Schöpfer in die Fülle des göttlichen Lebens gerufen. Gott liebt den Menschen so sehr, dass Er Sich ihm uneingeschränkt schenkt. Ebenso, wie Gott alles in der Welt Seiende übersteigt, steht auch der Mensch, wenn er durch den Heiligen Geist vergöttlicht ist, sehr hoch über der Welt.

Allmächtiger Gott, Unser Vater,
Quelle von Zeit und Ewigkeit,
Der Du durch Deine Macht unserem Leben
auf Erden ein Ziel und Ende gesetzt hast
und Der Du uns in Deinem Eingeborenen Sohn
durch die Auferstehung das Ewige Leben
und ein unvergängliches Königreich gewährst,
nimm uns wohlwollend auf, wir flehen Dich an,
und festige uns durch Deinen Heiligen Geist.

Der Mensch ist wahrhaftig rätselhaft. Die Tragödie unserer Zeit, und vielleicht besonders die massive Abneigung der Menschen gegenüber der Kirche und ihre Ablehnung Christi, zwingen uns, das Problem ganz offen anzupacken. Paulus schreibt an die Korinther: „Wovon wir reden, das ist dennoch Weisheit unter den Vollkommenen; nicht eine Weisheit dieser Welt ... vielmehr reden wir von der Weisheit Gottes, die im Geheimnis verborgen ist und die Gott vorherbestimmt hat vor aller Zeit zu unserer Herrlichkeit. (...) Uns aber hat es Gott geoffenbart durch seinen

Geist; denn der Geist erforscht alle Dinge, auch die Tiefen der Gottheit. (...) Wir aber haben nicht den Geist der Welt empfangen, sondern den Geist aus Gott, dass wir wissen können, was uns von Gott geschenkt ist" (1 Kor 2,6ff.). Dies ist die normale Haltung eines Christen, ohne die wir nicht „des Rufes würdig sind, der an uns erging" (siehe Eph 4,1). Nun könnte man einwenden: führt solche Verwegenheit nicht möglicherweise zum Stolz? Um jede Tendenz zur Eitelkeit zu überwinden, brauchen wir uns nur an die Warnung Christi zu erinnern: „Und du, Kapernaum, meinst du etwa, du wirst bis zum Himmel erhoben werden? Nein, du wirst in die Hölle hinabgeworfen werden" (Mt 11,23).

Um ein deutlicheres Bild des christlichen Weges zu vermitteln, greifen wir mit einem Vergleich auf die Methode der Kirchenväter zurück.

Wenn wir einen uralten Baum sehen, dessen Äste weit in den Himmel ragen, dann wissen wir, dass seine Wurzeln tief in die Erde hineinreichen müssen, um genug Kraft zu haben, das Ganze zu stützen. Gingen die Wurzeln nicht bis tief ins Innere der Erde – vielleicht genau so tief, wie der Baum hoch ist – und wären sie nicht genau so fest und weitverzweigt wie der sichtbare Teil des Baumes, könnten sie ihn nicht ernähren. Sie könnten ihn nicht aufrecht halten, ein kleiner Windstoß, und der Baum fiele um. Etwas Ähnliches sehen wir im spirituellen Leben des Menschen. Wenn wir, wie die Apostel, die Größe unserer göttlichen Berufung in Christus erkennen – das heißt, als in Ihm vor der Erschaffung der Welt Auserwählte, „als Söhne adoptiert zu werden" (Gal 4,5), so erfüllt uns dies mit Demut, und nicht mit Stolz. Diese Erniedrigung, diese Selbstentäußerung (Kenose) ist unumgänglich, wenn wir eine wirklich christliche Haltung bewahren wollen. Sie drückt sich durch ein beständiges Bewusstsein unserer Nichtigkeit, durch eine radikale Selbstverurteilung aus. Und je tiefer wir uns in unserer Selbstverurteilung erniedrigen, um so höher erhebt uns Gott.

„Bis heute leidet das Himmelreich Gewalt; und die Gewalttätigen reißen es an sich ... Wer Ohren hat, der höre" (Mt 11,12.15).

XII. DAS LITURGISCHE GEBET

Das tiefinnere Gebet entsteht allmählich. Leib und Seele gewöhnen sich langsam daran. Für den Priester, der die Heilige Liturgie zelebriert, ist es von äußerster Wichtigkeit, sein ganzes Leben in Gebet zu verwandeln, wenn er dieses erhabene Mysterium in seiner ganzen Fülle leben will. Wenn er sich mit Ehrfurcht darauf vorbereitet und sich ihm in Ehrerbietung naht, wird der Priester schon durch die Ausübung seines Amtes in diesen göttlichen Bereich hineingezogen. Er beginnt die Liturgie, indem er den furchterregenden Namen der Heiligen Trinität anruft, und fährt dann fort, indem er seinen Geist im Spannungsfeld zwischen dem Schöpfer und der Gesamtheit der Schöpfung hält: Er erinnert an das mystische Abendmahl, das Gebet Christi im Garten Gethsemane, die Anklage vor Pilatus, die Kreuzigung und Grablegung, die drei Tage im Grabe, die Auferstehung und die Himmelfahrt, das Sitzen zur Rechten des Vaters – jetzt als Menschensohn – und Sein zweites und glorreiches Kommen am Ende der Zeit. In gleicher Weise schildert der Priester die Schöpfung des Menschen, seinen Fall mit den tragischen Folgen und die Menschwerdung Gottes zur Errettung der Welt. Mächtige Wellen des kosmischen Lebens durchströmen ihn. Er ruft die Nöte und Leiden der ganzen Menschheit in Erinnerung. Indem er dieses Heilige Opfer der Liebe dabringt, das vollständige Selbsthingabe voraussetzt, öffnet der Priester weit sein Herz, um eine Vielzahl von Leben und Zeitaltern zu umfassen. Dadurch hat er Anteil an dem von Christus Selbst für die Welt dargebrachten Erlösungsopfer. Im Akt der Kommunion wünscht er nicht nur, den Leib und das Blut Christi zu empfangen, sondern auch an Seinem göttlichen Leben zu kommunizieren, insoweit es ihm vom Heiligen Geist gewährt wird.

Ein rein intellektuelles Verständnis von Zweck und Tragweite dieses Mysteriums genügt nicht. Das ganze Wesen des Priesters – Herz, Intellekt und Leib – müssen in schmerzlichem Gebet für die Welt vereint sein. Und je stärker er leidet, desto mächtiger wird die Heilkraft sein, die sein Gebet auf die Welt herabkommen lässt.

Dem Wesen nach gibt es keine andere Eucharistie als die, welche der Herr Selbst gefeiert hat. Durch Sein unaussprechliches Wohlwollen wird diese einmalige Eucharistie immerdar wiederholt; unteilbar, wird sie doch ständig zerlegt und ausgeteilt und erstreckt sich durch die Zeit bis an die äußersten Enden der Erde. Der Raum des Letzten Abendmahls weitet sich aus, um den immerwährenden Strom aufzunehmen und alle Menschen durch das Mysterium der Kommunion in eine Einheit nach dem Bilde der Trinität zu sammeln.

„Heiliger Vater", betete der Herr, „bewahre sie in deinem Namen, den du mir gegeben hast, damit sie eins seien wie wir." (...) „Aber ich bitte nicht allein für diese [die Jünger], sondern auch für die, welche durch ihr Wort an mich glauben werden, damit sie alle eins seien: Wie du, Vater, in mir bist und ich in dir bin, sollen auch sie in uns sein." (...) „Und ich habe ihnen die Herrlichkeit gegeben, die du mir gegeben hast, damit sie eins seien, wie wir eins sind, ich in ihnen und du in mir, damit sie vollkommen eins seien, und die Welt erkenne, dass du mich gesandt hast und sie liebst, wie du mich liebst" (Joh 17,11.20-23).

Nach der alten theologischen Tradition der Orthodoxen Kirche ist die Menschheit ein einziges, aber multi-hypostatisches Wesen, ebenso wie Gott Ein einziges Wesen in Drei Personen ist.

In ihrer ewigen Wirklichkeit ist die Liturgie das immerdar unter uns gegenwärtige Passah des Herrn. Bevor Christus auf die Erde kam, erinnerte das Jüdische Pessach-Fest an das geschichtliche Ereignis des Durchschreitens des Roten Meeres – an den Moment, da die Kinder Israels vor den ägyptischen Heerscharen gerettet wurden; unser Passah aber ist Christus, und Er ruft uns auf, diese Erinnerung in Seinem Namen zu begehen: „Tut dies zu meinem Gedächtnis" (Lk 22,19). Somit steht ER – das wahre Zentrum des Universums – und nicht irgend ein geschichtliches Ereignis im Brennpunkt unserer Aufmerksamkeit. Dadurch ändert sich der einzigartige Charakter des österlichen Festes radikal. Die gesamte Eucharistie besteht aus einem „Gedenken" – verstanden nicht im herkömmlichen Sinne des „sich Erinnerns", sondern als existenzieller Eintritt in die Welt Christi, in ihre göttlichen und menschlichen Dimensionen. Unser Passah – und somit auch unsere Eucharistie – ist ein Durchschreiten von der Erde zum Himmel, vom Tod in der Sünde zur heiligen Ewigkeit des Vaters.

Eine möglichst umfassende Beteiligung am liturgischen Geschehen lehrt die Gläubigen in zunehmendem Maße, am Gebet Christi im Garten Gethsemane teilzuhaben. Es geschieht Folgendes: Wenn wir niedergeschlagen sind von Sorgen, Schmerzen und Trauer über einen Verlust, verlegen wir unsere eigene Pein auf eine universelle Ebene und leiden dadurch nicht mehr nur für uns selbst, sondern für die ganze Menschheit. Je nach Ausmaß unserer persönlichen Erfahrung können wir das tragische Los eines jeden Menschen, seine Ängste und seine Verzweiflung, mitleben. Wir rufen uns die Unzahl von Toten und Sterbenden ins Gedächtnis.

Es kann manchmal geschehen, dass das Leid unsere Fähigkeit, es zu ertragen, übersteigt. Dann, wenn der Verstand und der Leib mit dem Geist nicht mehr Schritt halten können, fährt der Geist alleine damit fort, Christus bis hin zur Kreuzigung, ins Grab, in die angstvolle Hölle Seiner Liebe zur Menschheit nachzufolgen.

Solch edle Geistes-Wissenschaft ist nicht durch ein paar kurze Jahre akademischer Studien zu erlangen: sie fordert unser ganzes Sein. Diese Lehre kommt niemals zum Ende, da wir nie die Fülle der Liebe Christi erlangen. Dank eines langen asketischen Kampfes verstehen wir schrittweise den ewigen Sinn und den einzigartigen Charakter Seiner Leiden. Es wird uns klar, dass dieses Leid nicht nur seiner Art, sondern auch seiner spirituellen Intensität nach, bei weitem alles überstieg, was die Welt kennt. Wir erreichen das Maß Christi nicht, aber jeder Christ muss danach trachten, Ihn in Seiner Fülle zu erkennen. In dem Maß, in dem wir Sein erlösendes Leiden teilen, wird Seine ewige Herrlichkeit auf uns ruhen. Durch Ihn werden wir Söhne des Vaters. Wir wissen jetzt, dass niemand zum Vater kommt, als durch Ihn (siehe Joh 14,6).

Solche Herrlichkeit wird uns nicht automatisch durch das Verdienst Christi gewährt, wie viele glauben. Obgleich all unsere Mühen nichts sind im Vergleich mit der Gnade von oben, die immer reine Gnadengabe ist, müssen wir uns dennoch anstrengen, sie würdig zu empfangen und ihrem wahren Wert nach zu schätzen. Die Erkenntnis Christi und Seiner gott-menschlichen Universalität ist „eine Perle von großem Wert" (Mt 13,46). „Und das ist das ewige Leben: den einzig wahren Gott zu erkennen, und Jesus Christus ..." (Joh 17,3). Das ist „... der gute Teil", der uns „nicht weggenommen werden wird" (Lk 10,42) durch den körperlichen Tod.

Da der Apostel Paulus darauf bedacht war, dass die Gläubigen sich fest in der wahren Erkenntnis der von Gott offenbarten Dinge verwurzelten, beugte er in inbrünstigem Gebet „seine Knie vor dem Vater ...", damit er „... ihnen auf Grund des Reichtums seiner Herrlichkeit gewähre, zusammen mit allen Heiligen zu erkennen, was da ist die Länge und Breite, die Höhe und Tiefe ..." seiner göttlichen Herrlichkeit, die uns „vor der Erschaffung der Welt ... auserwählt hat, für ihn seine angenommenen Söhne zu werden durch Jesus Christus" (siehe Eph 3,14 und 1,4).

Bis auf den heutigen Tag weckt derselbe Geist, welcher Paulus zu solchem Gebet inspirierte, im Herzen der Priester und Gläubigen den

Wunsch, dafür zu beten, dass jeder Mensch fähig werden möge, aus tiefstem Herzen zu erkennen, dass Gott wahrhaftig unser Vater ist, und das unerschaffene Licht des göttlichen Seins, das in der Welt manifest wurde, zu schauen.

Die Fülle der Erkenntnis des Allerhöchsten Gottes ist nicht vom Angesicht der Erde verschwunden. Die Kirche hat dieses Wissen und diesen Geist bewahrt, welche den Kern der heiligen Tradition bilden; und sie gibt sie von Generation zu Generation weiter. Tag um Tag wird dieselbe Liturgie gefeiert. Dasselbe Gebet wird Gott durch Seine Priester dargebracht.

In der orthodoxen Kirche beten die Gläubigen vor dem Empfang der heiligen Mysterien des Leibes und Blutes Christi: „Als Teilhaber an Deinem mystischen Abendmahl nimm mich heute auf, Sohn Gottes." Heute – JETZT – bezieht sich auf die göttliche Ewigkeit, in welcher es keine Vergangenheit und keine Zukunft gibt, sondern nur dieses ‚Jetzt'. Dieses Gebet tritt ein in das Heute Gottes.

Herr Jesus Christus, Ewiger König;
Einzig wahrer Hoherpriester;
Der Du Dich Gott dem Vater am Kreuz geopfert hast
zur Vergebung der Sünden der Welt;
der Du uns durch dieses unergründliche Opfer
Deinen unvergänglichen Leib gegeben hast als heilige Nahrung
und Dein kostbares Blut als lebenspendenden Trank:
Mache uns würdig dieser unaussprechlichen Mysterien,
damit wir der Verderbtheit entgehen,
die in der Welt herrscht durch die Begierde,
und der göttlichen Natur teilhaftig werden.
Wir bitten Dich, erhöre uns und erbarme Dich.

XIII. DAS GEBET VON GETHSEMANE

Das Gebet Christi im Garten Gethsemane ist durch seinen immanenten Wert und die Kraft, die Sünden der ganzen Welt zu sühnen, das vornehmste aller Gebete. Gott dem Ewigen Vater im Geiste göttlicher Liebe dargebracht, leuchtet es weiter als ein Licht, das niemals erlöschen kann.

Seine Heiligkeit und Majestät ziehen auf ewig die Seelen derer an, die das Ebenbild Gottes in sich bewahrt haben. Christus schloss die gesamte Menschheit in Sein Gebet mit ein, vom ersten Adam bis zum letzten Menschen, der von einem Weibe geboren wird (siehe Joh 1,29; 1 Joh 2,2). Wir ermangeln einer existenziellen Kenntnis einer derartigen Liebe, und daher bleibt uns ihre unveränderliche Bedeutung verborgen. Die Liebe Christi ist im Himmel siegreich, aber auf der irdischen Ebene bedeutet sie ausserordentliches Leiden. Kein Mensch hat jemals solches Leid ertragen wie Christus. Er stieg hinab in die Hölle, und zwar in die schrecklichste aller Höllen: die Hölle der Liebe. Einem solchen Existenzniveau kann man sich nur in spiritueller Liebe nähern; wie tief wir in dieses Geheimnis eindringen können, hängt von dem Maß der Liebe ab, welches zu kennen uns von oben gewährt wurde. Hierbei ist es unumgänglich, das himmlische Feuer, welches Christus mit sich gebracht hat, erfahren zu haben – und sei es auch nur ein einziges Mal; das heißt mit seinem ganzen Sein zu wissen, was es bedeutet – und wäre es auch nur ein wenig, wie Christus zu sein.

„Und er rang mit dem Tode und betete heftiger. Und sein Schweiß wurde wie Blutstropfen, die auf die Erde fielen" (Lk 22,44). Diejenigen, die solche Liebe nicht kennen und auch nicht den Wunsch haben, sie zu erfahren, mögen sich mit ihren Meinungen über Christus lieber zurückhalten. Keiner soll es in seiner Narrheit wagen, das Erscheinen Christi des Unsterblichen Königs unter uns abzuwerten, aus Furcht, dass bittere Scham ihn am Ende zwingen könnte, „zu den Bergen und Felsen" zu rufen: „Fallt auf uns und verbergt uns vor dem Blick dessen, der auf dem Thron sitzt" (Apk 6,16).

Wenn die Betonung auch nicht auf den körperlichen Leiden des Gekreuzigten liegt, macht doch der körperliche Schmerz den Todeskampf in jeder Hinsicht vollständig. Aus Erfahrung wissen wir, dass die Seele viel grausamer verwundbar ist als der Körper. Wenn dies für die Seele in ihrer weltlichen Dimension gilt, wieviel mehr trifft es dann auf die sich als Geist nach der Ewigkeit sehnende Seele zu?

Um den Weg erkennen zu können – und wäre es „nur unvollkommen wie in einem Spiegel" (1 Kor 13,12) –, den Christus gegangen ist, um unsere physische Natur in ein Gebet zu verwandeln, das sein Gebet im Garten Gethsemane während der tragischsten Nacht der Menschheitsgeschichte wenigstens schwach reflektiert, müssen wir bereit sein, Drangsal auf uns zu nehmen. Unglück öffnet das Herz für alles Leid der Welt. Die letzte Stufe dieser großen Wissenschaft der universalen Liebe erwartet uns, wenn wir an der Schwelle zum anderen Leben stehen – in der Stunde des Todes. Viele Menschen – besonders heutzutage – sind während ihrer letzten Stunden mehr oder minder ohne Bewusstsein und sterben ohne Gebet. Aber es wäre wünschenswert, dass ein Christ im Zustand des Gebets ins Jenseits hinübergeht, in dem Bewusstsein, dass er zum Letzten Gericht gelangt ist. Oft treten wir nach und nach in den Tod ein, und dank dieser schrittweisen Erfahrung werden wir immer fähiger, die Tragödie der Menschheitsgeschichte auf uns zu nehmen und das Mysterium von Gethsemane, und vielleicht sogar von Golgotha zu erfassen.

In der Person des ersten Adam erlitt die ganze Menschheit eine furchtbare Katastrophe, eine Entfremdung, welche die Wurzel aller Entfremdungen ist. Der Körper wurde verwundet, das Skelett zerschlagen, das Antlitz – Ebenbild Gottes – entstellt. Die folgenden Generationen fügten den Wunden des ersterschaffenen Menschen noch zahlreiche andere Verwundungen und zerbrochenes Gebein hinzu. Der gesamte menschliche Körper ist krank. Jesaja hat es treffend beschrieben: „Von der Fußsohle bis zum Haupt ist nichts Gesundes an euch, sondern Beulen, Striemen und frische Wunden, die nicht gereinigt noch verbunden noch mit Öl gelindert sind" (Jes 1,6). Die leichteste Berührung wird zur Qual. Wenn Menschen körperlich krank sind, begreifen sie, dass andere ihnen helfen wollen, und begeben sich dankbar und vertrauensvoll in die Hand des Arztes; sobald es um geistiges Leid geht, werden sie jedoch widerspenstig und schieben ihr Leid auf äußere Umstände. So auch mit Christus: Er, der einzige wahre Arzt, verursachte der Menschheit in Seiner Sorge um die Wunden unserer Sünde den heftigsten Schmerz. Es gibt nichts, was furchtbarer wäre als Christus-die-Wahrheit. Die ganze Welt fürchtet Ihn. Ist es nicht tatsächlich so, dass wir es bei einer echten Annahme der absoluten Wahrheit Christi mit dem uns angeborenen Verlangen nach Wahrheit nicht ablehnen könnten, Ihm zu folgen? Aber ein seltsam animalischer Instinkt des Fleisches überzeugt uns schnell, dass eine solche Nachfolge auch die Bereitschaft beinhaltet, aus Liebe zu Ihm gekreuzigt zu werden. Wie und wo sollen wir die Kraft für einen solchen Heroismus finden? Es ist unmöglich, das Leiden Christi zu beschreiben. Auf jeden Fall würde es niemand verstehen. So wie Kinder keine Ahnung von den Opfern haben, welche die Eltern und Erzieher für sie bringen, um sie groß zu ziehen und ihnen die teuer bezahlten Erfahrungen eines ganzen Lebens zu vermitteln, ebenso wenig haben die Menschen im Allgemeinen Christus verstanden; und selbst die ganz seltenen Ausnahmen verstanden Ihn auch nur zum Teil. So wurde das Wort Christi, das uns zu einem radikalen Wandel unseres Lebensstils aufruft, als grausame Verwundung erlebt. Als Christus unseres Elends gewahr wurde, litt Er mehr als wir alle. Und Er trug dieses Kreuz all die Jahre, während derer Er Seinen Dienst auf Erden verrichtete. Golgatha war nur der letzte Akt, der Höhepunkt sozusagen, der alles in sich vereinte: die seelische Not eines schändlichen Todes, das wilde Rachegelächter derjenigen, für die Er zum Stein des Anstoßes geworden war, den körperlichen Schmerz der Kreuzigung, die unendliche Trauer Seines Geistes, weil die Menschen das Angebot der Liebe des Vaters verachtet hatten. Von allen Seiten wurde Er verurteilt: vom Römischen Reich in seinem Eifer für Gesetz und Ordnung; von der Kirche des Alten Bundes, die sich auf das Mosaische Gesetz berief, das vom Berg Sinai her überliefert war; von der dumpfen Masse, die so viel Gutes aus Seinen Händen empfangen hatte. Die Apostel waren weggelaufen. Christus blieb allein, verurteilt und auf dem Weg, zu denen hinabzusteigen, die in der Finsternis der Hölle weilten.

Christus ist ein Wunder, das unser Verstehen übersteigt. Er ist die absolut vollkommene Offenbarung Gottes. Er ist auch der absolut vollkommene Ausdruck des Menschen.

Jeder von uns wird zu einem bestimmten Zeitpunkt an die unsichtbare Grenze zwischen Zeit und Ewigkeit geleitet werden. Wenn wir an dieser spirituellen Grenze ankommen, müssen wir uns für die Zukunft in der vor uns liegenden Welt entscheiden und die Wahl treffen, ob wir mit Christus und Ihm ähnlich sein oder uns von Ihm abwenden wollen. In dem Moment, da wir die Entscheidung – uns mit Christus zu identifizieren oder Ihn abzulehnen – aus freiem Willen, für alle Ewigkeit, getroffen haben, wird die Zeit aufhören zu wirken.

Allerdings werden wir bis zu jenem Moment der Entscheidung immer wieder, solange wir noch in diesem Leben weilen, in unserer Selbst-Bestimmung wanken und zwischen unserem Wunsch, die Gebote zu erfüllen, und unserer Neigung, den Leidenschaften nachzugeben, hin und her gerissen sein. Doch während wir kämpfen, wird uns das Mysterium Christi allmählich geoffenbart werden, wenn wir uns nur vollständig dem Gehorsam gegenüber Seinen Geboten hingeben. Der Augenblick wird kommen, wo Herz und Geist so vollkommen von der Schau der unendlichen Heiligkeit und Demut von Christus-Gott durchdrungen sein werden, dass unser ganzes Wesen in einem Elan der Gottesliebe emporgetragen werden wird.

Voller Selbstekel wegen des Bösen, das in uns steckt, hungern und dürsten wir danach, Gott in Seiner heiligen Demut ähnlich zu werden; und in diesem Sehnen liegt der Same der Heiligkeit verborgen. Eine immer größer werdende Liebe zu Christus wird uns ganz natürlich zu Erfahrungen führen, die uns Ihm angleichen, und ein unvorstellbares Panorama wird sich vor unseren Augen entfalten: die ganze Qual dieser Welt wird uns grausam leiden machen. Wir werden unseren Leib vergessen, und unser Geist wird – soweit er dazu fähig ist – das Gebet Christi in Gethsemane leben. Dies ist der Beginn der Erkenntnis Christi, um deren unermesslichen Wertes willen der heilige Paulus alles andere als Nachteil und Verlust betrachtete. Um Christus zu gewinnen und die Auferstehung von den Toten, war er bereit, allen anderen Gewinn abzulehnen. Der heilige Paulus redete so, nicht weil er „es schon erreicht hätte", sondern weil er „das Ziel vor Augen, dem Siegespreis nachjagt[e]: der himmlischen Berufung, die Gott uns in Jesus Christus schenkt" (Phil 3,7-14).

Wenn also der große Apostel Paulus das „Ziel noch nicht erreicht" hatte, dürfen wir uns um so weniger erdreisten, uns auf das gleiche Niveau mit Christus stellen zu wollen. Es muss jedoch eine gewisse Parallele geben. Es ist für jeden von uns unabdingbar, wenigstens eine teilweise Ähnlichkeit an den Tag zu legen, wenn wir uns Christen nennen wollen. Der Apostel Paulus jedoch strebte nach einer vollkommeneren Ähnlichkeit und ermunterte die Korinther, es ihm gleich zu tun (siehe 1 Kor 4,16). Also müssen auch wir unsere Angst und Kleinmütigkeit von uns werfen und Christus im Geiste nachfolgen, damit auch wir in der wahrhaftigen Erkenntnis des Himmlischen Vaters und Christi, den der Vater in die Welt gesandt hat, das ewige Leben zum Erbteil bekommen (siehe Joh 17,3).

Man kann, nicht ohne Grund, behaupten, dass das echte Christentum fast nirgendwo verkündet wird. Das Christentum übersteigt den gewöhnlichen Verstand in einem Maße, dass ein betendes Herz es nicht ohne weiteres wagt, das Wort des Evangeliums zu predigen. Die Menschen suchen die Wahrheit. Sie lieben Christus. Aber besonders in der heutigen

Zeit versuchen sie, Ihn auf Dimensionen ihrer eigenen Machart zu reduzieren, wodurch das Evangelium zu einer Morallehre herabgewürdigt wird. Doch Christus hat verkündet: „Himmel und Erde werden vergehen, aber meine Worte werden nicht vergehen" (Mk 13,31; Lk 21,33).

Um die Wahrheit zu erkennen, bedarf es weit grösserer Anstrengung, als es für das Erlernen von Wissenschaft oder praktischem Wissen nötig ist. Weder die Lektüre einer großen Menge von Büchern, noch Vertrautheit mit der Geschichte der Christenheit oder das Studium der verschiedenen theologischen Systeme werden uns dem Ziel näher bringen; um es zu erreichen, müssen wir unerschütterlich und mit ganzer Kraft an den Geboten Christi festhalten.

Wenn dem Menschen – wie ich vorher schon erwähnte – auch nur der Schatten einer Ähnlichkeit mit dem Gebet von Gethsemane gewährt wird, überschreitet er die Grenzen seiner eigenen Individualität und betritt eine neue Form des Seins – er wird ein personales Wesen nach dem Bilde Christi. Durch die Teilnahme an den Leiden Seiner göttlichen Liebe können auch wir im Geiste bis zu einem gewissen Grad die Erfahrung Seines Todes und der Kraft Seiner Auferstehung machen. „Denn wenn wir mit ihm verbunden und ihm gleich geworden sind in seinem Tod" [durch unser inniges Gebet für die Welt und unser brennendes Verlangen, dass alle gerettet werden], „so werden wir ihm auch in der Auferstehung gleich sein" (Röm 6,5). Wenn es uns von oben gewährt wird, in diese neue Seins-Sphäre einzutreten, gelangen wir „ans Ende der Zeiten" (1 Kor 10,11) und treten ein in das Licht der göttlichen Ewigkeit.

Jeder Mensch, dem Gott das seltene und furchtbare Vorrecht gewährt hat, die Agonie des Gebets von Gethsemane auch nur zu einem winzigen Teil zu erfahren, wird langsam, schmerzlich und stolpernden Schrittes weiterdrängen, bis er zu der zwingenden Erkenntnis der Auferstehung seiner eigenen Seele gelangt und den unbestrittenen und unabwendbaren Sieg Christi wahrnimmt. Er wird wissen, „dass Christus, von den Toten auferweckt, nicht mehr stirbt; der Tod kann hinfort über ihn nicht herrschen" (Röm 6,9). Und sein Geist wird in ihm flüstern: Mein Herr und mein Gott ... Jetzt, oh Christus, durch die Gnadengabe deiner Liebe, die alles Verstehen übersteigt, bin auch ich vom Tod zum Leben gelangt ...

Jetzt – bin ich.

ZWEITER TEIL

I. DAS JESUSGEBET

In unserer Zeit weckt das Jesusgebet in den unterschiedlichsten Kreisen lebhaftes Interesse. Zahlreiche diesbezügliche Schriften sind erschienen, und diese verdienen unbestreitbar eine ernsthafte und aufmerksame Prüfung. Da aber zugleich auch manche irrigen Ideen darüber geäußert worden sind, habe ich mich entschlossen, eine kurze Abhandlung zu verfassen, um diejenigen, die es mit Eifer praktizieren, vor dem Risiko zu warnen, sich auf Wegen, die von der Tradition der Väter nicht bestätigt worden sind, zu verirren, und um die theologischen und asketischen Grundlagen dieser hohen Geisteskultur zu präzisieren.

Die Theorie des Jesusgebets lässt sich auf ein paar Seiten darlegen, aber die Umsetzung in die Praxis im Rahmen der christlichen Askese ist mit solchen Schwierigkeiten verbunden, dass die Väter und Lehrer der Kirche seit den frühesten Zeiten diejenigen, die diesen Weg der Vereinigung mit Gott gehen wollen, immer wieder ermahnt haben, dies innerlich mit Furcht und Zittern zu tun und einen Führer zu suchen, der auf diesem Gebiet persönliche Erfahrung besitzt. Ich habe nicht die Absicht, dies überaus wichtige und komplexe Thema zu erschöpfen, sondern beschränke mich hier ganz bewusst auf folgende Aufgabe: einige Aspekte der Lehre weiter zu geben, die ich empfing, als ich, zuerst im Sankt Panteleimon-Kloster und dann in der ‚Wüste', auf dem Berg Athos lebte. Wiederholungen dessen, was andere Autoren vor mir gesagt haben, sind bei einem solchen Unterfangen nicht ganz zu vermeiden. Meiner Meinung nach müssen solche Wiederholungen nicht nutzlos sein, ja sie mögen im Gegenteil sogar unentbehrlich sein, da sie in einem anderen Zusammenhang ein neues, ergänzendes Licht auf den Gegenstand zu werfen vermögen.

In den letzten Stunden Seines Lebens unter uns sprach der Herr: „Bisher habt ihr um nichts gebeten in meinem Namen. Bittet, so werdet ihr nehmen, dass eure Freude vollkommen sei. (...) Wahrlich, wahrlich, ich sage euch: Wenn ihr den Vater um etwas bitten werdet in meinem Namen, wird er's euch geben" (Joh 16,24 und 23). Diese Worte Christi bieten die theologische und asketische Grundlage für die Anrufung Seines Namens. Zweifellos haben die Jünger das Gebot ihres Herrn auch in die Tat umgesetzt. Das ist umso sicherer, als sie die Wirkkraft dieses Namens bereits erfahren hatten, da sie „wie Schafe unter die Wölfe" ausgesandt wurden, um Frieden unter die Menschen zu bringen, die Kranken zu heilen und die Ankunft des Gottesreiches zu verkünden. „Die Zweiundsiebzig kamen zurück voll Freude und sprachen: Herr, auch die bösen Geister sind uns untertan in deinem Namen" (Lk 10,17). Bei einer anderen Gelegenheit „fing Johannes an und sprach: Meister, wir sahen einen, der trieb böse Geister aus in deinem Namen" (Lk 9,49). So also beginnt die Geschichte des Gebets im Namen Jesu schon zur Zeit der Apostel. Der Wortlaut dieser Gebete ist nicht auf uns gekommen, aber das gesamte Neue Testament bezeugt überreich, dass sie durch diesen Namen erstaunliche Wunder wirkten: Dämonen austrieben und ohne ärztliche Hilfe Kranke heilten.

Was soll man aber unter dem Namen Gottes verstehen? Ist es wichtig, seine Bedeutung, seine Eigenschaften und Natur zu kennen, um „in Seinem Namen" beten zu können? Die Antwort ist: Ja; es ist sogar unverzichtbar, wenn wir wollen, dass „unsere Freude vollkommen sei".

Das Leben in Christus besitzt unergründliche Tiefen; man kann sie sich nur im Laufe eines langen Prozesses zu eigen machen, der eine große innere Anspannung und unseren ganzen Einsatz erfordert. Das Verständnis des Inhalts und der Bedeutung des göttlichen Namens kann man sich nur nach und nach aneignen. Eine flüchtige Anrufung vermag das Herz zu erfreuen – und schon das ist kostbar. Doch soll man nicht auf halbem Wege stehen bleiben. Unser Leben hier auf Erden ist kurz, und man muss jede Stunde nutzen, damit unsere Gotteserkenntnis zunehmen kann. Und erst wenn sich die Seligkeit unseres Herzens mit der Erleuchtung unseres Intellekts in uns verbinden wird, nähern wir uns der Vollkommenheit.

Auf dem Heiligen Berg bin ich der hohen Kultur dieses Gebets begegnet. Natürlich hatte ich ein großes Verlangen, von den Vätern zu erfahren, wie sie diesen wesentlichen Aspekt des asketischen Lebens verstanden. Ich kam 1925 auf dem Berg Athos an, einige Jahre nachdem sich dort ein heftiger Disput über die Natur des göttlichen Namens erhoben hatte. In der Hitze der polemischen Auseinandersetzung – die zum Teil an eine andere theologische Polemik aus dem 14. Jahrhundert erinnerte, in der es um die Natur des Tabor-Lichts ging – griffen beide Seiten zu Mitteln, die solcher Menschen, die Seele und Leib Gott geweiht haben, unwürdig sind. Diese Kontroverse zeigt gewisse Ähnlichkeit mit jenen jahrhundertelang dauernden Debatten zwischen Nominalisten und Realisten oder Idealisten und Rationalisten; von Zeit zu Zeit scheinen sie für eine gewisse Zeit abzuklingen, um dann wieder mit neuer Kraft und in neuer Form aufzutauchen und sich fortzusetzen. Man wird hier mit zwei verschiedenen natürlichen Veranlagungen konfrontiert: es gibt einerseits die Propheten und Poeten und andererseits die Wissenschaftler und Technokraten. Nun ist es durchaus nicht meine Absicht, mich bei der äusseren Erscheinungsform der Ereignisse von damals aufzuhalten, sondern ich ziehe es vor, meine Aufmerksamkeit auf den Kern der Sache zu konzentrieren, um die unvergängliche Erkenntnis zu erfassen, die von oben kommt und deren die heiligen Asketen und Liebhaber des spirituellen Tuns gewürdigt wurden.

Das Leben eines jeden von uns ist aufs engste mit den Vorstellungen verbunden, die wir uns von der Welt, über uns selbst und von Gott machen. Und unser Gebet erfordert auf seinen höchsten Stufen die genauest mögliche Erkenntnis des göttlichen Seins. „Geliebte, wir sind jetzt Gottes Kinder; es ist aber noch nicht [völlig] offenbar geworden, was wir sein werden. Wir wissen aber [aus Erfahrung]: wenn es offenbar wird, werden wir Ihm gleich sein, denn wir werden Ihn sehen, wie Er ist" (1 Joh 3,2). Und wir wissen auch dank der tausendjährigen Erfahrung der Menschheit, dass, was die Erkenntnnis Gottes betrifft, unser natürlicher Verstand aus eigener Kraft über gewisse Mutmaßungen nicht hinauskommen kann. Es ist unbedingt notwendig, dass Gott Selbst Sich dem Menschen offenbart und Sich von ihm erkennen lässt. Und ganz so, wie Gott Sich im Leben eines jeden von uns nach und nach zu erkennen gibt, hat Er Sich, der biblischen Darstellung gemäß, in der Geschichte der Menschheit „oftmals und auf unterschiedliche Weise" (Hebr 1,1) den Vätern und Propheten mit zunehmender Kraft und Tiefe kundgetan.

Die erste Erwähnung der Anrufung des Namens Gottes ist noch ziemlich rätselhaft: „Und Seth wurde ein Sohn geboren, den er Henoch nannte, und zu der Zeit begann man den Namen des Herrn anzurufen" (Gen 4,26). In der Folge offenbarte Sich Gott Abraham, Isaak und Jakob in einer ständig sich erweiternden Perspektive: „Ich bin Abraham, Isaak und Jakob als Gott der Allmächtige erschienen, unter meinem Namen JAHWE jedoch habe ich mich ihnen nicht zu erkennen gegeben" (Ex 6,3). Gott nannte Sich zunächst der Gott Abrahams, dann der Gott Abrahams und Isaaks und schließlich der Gott Abrahams, Isaaks und Jakobs. Moses erschien Er im Brennenden Dornbusch und offenbarte Sich als ICH BIN DER ICH BIN (Jahwe) (Ex 3,14). Diese von Ihm geschenkte Offenbarung Seiner Selbst vervollständigte Gott später: „Da kam der Herr hernieder in einer Wolke, und er (Moses) trat daselbst zu ihm und er rief den Namen des Herrn an. Und der Herr ging vor seinem Angesicht vorüber, und er rief aus: ‚Herr, Herr, Gott, barmherzig und gnädig, und geduldig und von großer Gnade und Treue, der da Tausenden Gnade bewahrt und vergibt Missetat, Übertretung und Sünde, aber ungestraft lässt er niemand, sondern sucht die Missetat der Väter heim an Kindern und Kindeskindern bis ins dritte und vierte Glied'" (Ex 34,5-7). Auf solche Weise offenbarte Sich Gott Moses zu Beginn als der persönliche Gott, dem einzigen, der in Wahrheit und ohne ein besonderes Attribut sagen kann ICH BIN. Die folgende Offenbarung enthüllte die Eigenschaften dieses ICH BIN – die eines barmherzigen und gütigen Gottes, der vergibt, aber auch straft. Doch blieb all dies noch vage, und Moses war sich der Unvollkommenheit der Erkenntnis, zu der er gelangt war, durchaus bewusst.

Auch die Propheten erreichten noch nicht die Erfüllung dessen, wonach sie verlangten. Aber hören wir die Worte des Propheten Jesaja: „So spricht der Herr euer Erlöser, der Heilige Israels: ‚... Ich bin's, der Herr, der Erste und bei den letzten noch derselbe ... damit ihr wisst und mir glaubt und erkennt, dass Ich es bin. Vor mir ist kein Gott ... so wird auch nach mir keiner sein.'" (Jes 43,14; 41,4; 43,10). Dieser Gott – „der Erste und der Letzte" – hat sich als persönliches und lebendiges, unkonditioniertes Wesen offenbart, und nicht als ein transzendentes und abstraktes absolutes ‚Nicht-Sein', oder als eine trans-personale ‚Monade'. So ist es offenkundig, dass der Geist der Propheten Israels auf den Ursprünglich Seienden, Den, der im Anfang ist, ausgerichtet war. Genau diese Disposition kennzeichnet den Menschen, das Abbild des Absoluten. Er verharrt bei keinem Zwischen-Zustand oder -Sein, welcher Art auch immer.

An dem biblischen Bericht sehen wir, wie jede neue Offenbarung als eine Selbstbekundung Gottes, als Sein unmittelbares, persönliches Eingreifen aufgenommen wurde. Daher erlebte man den göttlichen Namen an sich als Gottesgegenwart. Der Name trägt eine doppelte Wirkkraft in sich: einerseits die Wahrnehmung des Lebendigen Gottes und andererseits eine Ihn betreffende Erkenntnis. Daher stammte die Furcht, den Namen Gottes zu missbrauchen (siehe Ex 20,7). Als die Offenbarung der Eigenschaften Gottes und Seines Wirkens zunahm, vertiefte sich in gleichem Maß auch die Gotteserkenntnis im Allgemeinen; doch obwohl die Israeliten überzeugt waren, dass sie das auserwählte Volk seien und dass der Allerhöchste Sich ihnen offenbare, hörten die Propheten bis zur Ankunft Christi nie auf zu bitten und zu flehen, dass Gott auf Erden erscheinen und die wahrhaft vollkommene Erkenntnis Seiner Selbst herbeiführen möge, eben jene Erkenntnis, nach welcher der Geist des Menschen ein unersättliches Sehnen in sich trägt.

Gott hatte Sich als Vorsehung, als Erlöser und Retter und unter mancherlei anderen Aspekten bezeugt, aber im Geist des Menschen blieb alles noch wie von einem Schleier verhüllt. Zu einem tragischen Zeitpunkt seines Lebens kehrte Jakob von Laban zu seinem Geburtsort zurück, wo sein Bruder Esau noch lebte, dem zu begegnen er sich fürchtete. Er verbrachte die Nacht allein, außerhalb des Lagers, und rang mit Gott (siehe Gen 32,25). Die Jahre, welche er im Hause Labans verbracht hatte, waren nicht einfach gewesen; Jakob fürchtete sich, Esau ins Angesicht zu blicken. Er erflehte einen Segen und hoffte auf einen Schutz, doch dies in einem langen hartnäckigen Ringen, in dem er sich mit Gott auseinandersetzte und Ihn anklagte (siehe Gen 32,25).

Der gleiche Kampf lässt sich im Leben der Propheten Elias und Jonas wiederfinden. Der erstere zog es vor zu sterben und betete: „Es ist genug, so nimm nun, Herr, meine Seele; ich bin nicht besser als meine Väter. (...) Ich habe geeifert für den Herrn, den Gott Zebaoth; denn Israel hat Deinen Bund verlassen, Deine Altäre zerbrochen und Deine Propheten mit dem Schwert getötet, und ich bin allein übriggeblieben, und sie trachten danach, dass sie mir mein Leben nehmen" (1 Kön 19,4.10). Jonas spricht in seiner Klage zu Gott: „[Ach Herr, du hast mich mit großem Nachdruck gesandt, um zu den Bewohnern von Niniveh zu sprechen und wegen ihrer Gottlosigkeit und Verworfenheit den Untergang der Stadt anzukünden;] doch wusste ich wohl, dass du [solches nicht tust, weil] du gnädig, barmherzig, langmütig und von großer Güte bist und lässt dich des Übels gereuen. So nimm, nun, Herr, [da die Prophezeiung sich nicht verwirklicht hat und ich das Gesicht verloren habe] meine Seele von mir, denn ich möchte lieber tot sein als leben" (Jon 4,2-3).

Im Falle Hiobs ist die Klage noch bestürzender: „Vernichtet sei der Tag, da ich geboren ward, und die Nacht, die sprach: empfangen ist ein Knabe. Jener Tag – er werde Finsternis, und möge ihn der Schatten des Todes verschlingen ... die Morgennebel erschrecken. Eben jene Nacht soll nicht dem Jahreslauf hinzugefügt sein ... ja bleibe sie unfruchtbar und ohne jeden Freudenschrei, der sich vernehmen lässt! Jene, die den Tag verfluchen, mögen auch sie verwünschen ... auf dass sie umsonst das Licht erwarte und nicht den Blick der Morgenröte erhasche. Denn sie hat für mich nicht die Pforten des Mutterleibes verschlossen, noch auch vor meinen Augen die Wehen verborgen. Warum bin ich nicht beim Verlassen des Schoßes gestorben, habe nicht beim Ausgang aus dem Leibesinnern den Geist aufgegeben? ... So würde ich jetzt stille liegen, würde ruhig und ungestört [im großen Schweigen des Nicht-Seins] verweilen ... dort, wo das Toben der Bösen verstummt, wo die Gefangenen rasten, ohne die Stimme des Treibers zu vernehmen. Wo die Kleinen wie die Großen [in ihrer Nichtigkeit] gleich sind, und der Sklave von seinem Meister befreit bleibt. Weshalb wird dem Unseligen Licht gewährt, das Leben denen, die Bitternis im Herzen tragen, die nach dem Tode trachten, ohne dass er kommt, und ... die voll von Jubel darüber jauchzen würden, ein Grab zu finden? Warum dieses Geschenk für den Menschen, der seinen Weg [zur Gotteserkenntnis] nicht mehr sieht, und den Gott in sich selbst verschließt?" (siehe Hiob 3).

Auch in unserem persönlichen Leben lässt sich immer etwas entdecken, was an das Los dieser Propheten erinnert. Israel hat mit und gegen Gott gerungen, und wer von uns ist nicht auf diese oder jene Weise in einen Konflikt mit Ihm geraten? Die ganze Welt versinkt bis auf den heutigen Tag in Verzweiflung, ohne einen Ausweg zu finden. Von endlosen Kämpfen zerquält, macht die ganze Welt Ihn für ihre selbst verschuldeten Leiden verantwortlich. Das Leben ist nicht so einfach, und man dringt nicht leicht in den tieferen Sinn des Daseins ein.

Welch gar zufällige, lächerliche Gabe,
Oh Leben, wozu bist du mir gegeben?
Durch welche fremde Bestimmung bist du von vornherein
unweigerlich zum Tode verdammt?
Wer hat mit seiner Macht und seinem Zorn
mich aus dem Nichts hervorgebracht?
Wer hat mit Leidenschaft die Seele angefüllt,
hat meinen Geist in Zweifel eingehüllt
und dadurch wankend gemacht? (Puschkin)

Dies rief der Dichter aus der Tiefe seines Schmerzes, und äußerte dabei im Wesentlichen dieselben Gedanken wie Hiob. Es erniedrigt und bedrückt den Menschen, ständig der Finsternis der Unwissennheit verhaftet zu sein, wodurch in seinem Innern ein quälender Verdruss entsteht. Daher hungert unser Geist nach dem direkten Zwiegespräch mit Ihm, „der uns aus dem Nichts hervorgebracht" hat, der mich aus der tiefen Stille des Nicht-Seins hervorgeholt hat, um mich in diese absurde, ja furchtbare Tragi-Komödie zu werfen. Wir wollen wissen, wer Schuld daran ist: wir selber, oder Er, unser Schöpfer? Es scheint uns, dass wir auf diese Welt gekommen sind, ohne es zu wollen, vielleicht sogar unserem Einverständnis zu trotz. Wer von uns erinnert sich an einen Moment, wo man ihn fragte: „Willst du in dieses Leben geboren werden?" – und selbstverständlich, indem ihm zugleich im Voraus offenbar gemacht wurde, was auf ihn wartete? Hätten wir die Möglichkeit gehabt, diese Gabe abzulehnen? Haben wir recht darin, „Gott der Unvernunft zu bezichtigen" (siehe Septuaginta, Hiob 1,22)?

Und siehe, da lässt sich eine andere Stimme vernehmen: „Ich bin das Licht der Welt. Wer mir nachfolgt, der wird nicht wandeln in der Finsternis, sondern wird das Licht des Lebens haben" (Joh 8,12). „Wen da dürstet, der komme zu mir und trinke. Wer an mich glaubt ..., von dessen Leib werden Ströme lebendigen Wassers fließen" (Joh 8,37-38). Sollten wir diesen Aufruf Christi nicht mit Vertrauen annehmen und entschieden in den Kampf eintreten, um das Reich der unvergänglichen Liebe des Vaters zu erlangen? Sollten wir nicht dem Weg folgen, den Christus Selbst uns gezeigt hat? Da wir in der Tat nicht fähig sind, was auch immer aus dem Nichts – ex nihilo – zu erschaffen, folgt, dass sogar der Begriff der Ewigkeit seinen Ursprung nicht in uns selbst haben kann. Würde sie nicht unabhängig von uns existieren, dann wäre auch ihre Existenz in uns als Erfahrung ontologisch unmöglich. Indem wir aufmerksam die Wirklichkeit, die uns umgibt, beobachten, können wir feststellen, dass jedem realen Bedürfnis im kosmischen Existenzbereich auch die Möglichkeit entspricht, dieses zu erfüllen; es geht also nur darum, den rechten Zugang dazu zu finden. In der wissenschaftlichen und technischen Entwicklungsgeschichte gibt es genügend Beispiele dafür, wie ehemals vermeintlich übertrieben abenteuerlich und utopisch erscheinende Ideen mittlerweile zu banalen Tageserscheinungen geworden sind. Warum soll ich also daran zweifeln, dass auch mein Verlangen nach der seligen Unsterblichkeit, ebenso wie nach der ewigen Vereinigung mit Gott, sich tatsächlich verwirklichen lässt?

Welch eine radikale Verwandlung findet statt, wenn sich unser Herz plötzlich dem Anruf Christi öffnet! Jeder Augenblick in unserem Leben wird kostbar und bekommt einen tiefen Sinn. Leiden und Freuden tragen auf wunderbare Weise beide zu dieser neuen Askese bei. Vor unserem inneren Auge richtet sich eine Leiter auf, die bis in den Himmel reicht (siehe Gen 28,12). „Man wird dich nicht mehr mit dem Namen Jakob sondern Israel nennen, denn du hast mit Gott gerungen und über die Menschen wirst du den Sieg davontragen" (Gen 32,28). Verlange nicht danach, meinen Namen zu erfahren, denn er ist wunderbar; du bist noch nicht fähig, ihn zu bergreifen, doch sollst du trotzdem gesegnet sein (vgl. Gen 32,30). „Und die Sonne ging auf über ihm ... und er hinkte an seiner Hüfte" (Gen 32,32): der Weg zur vollkommenen Erkenntnis wurde noch nicht geoffenbart, aber eine ‚Vor-Schau' davon war schon gewährt worden. Sie sollte sich im Bewusstsein der Propheten vervollständigen und vertiefen, die viele flammende Worte über das zukünftige Kommen des ewigen Wortes des Vaters verkünden sollten: dann würde uns das vollkommene Licht, in dem keine Finsternis ist, in seiner ganzen Kraft erscheinen.

Mit Gott in Konflikt zu geraten, ist ein riskantes Unterfangen: es kann uns ins Verderben führen oder auch dazu befähigen, den ‚alten Menschen', der durch luziferischen Stolz entstellt wurde, zu überwinden, das heißt durch Demut zu siegen: „... bei den Menschen wirst du den Sieg davontragen." Wie ist das möglich? Eben durch Demut. Jakob sagte: „Gott meines Vaters Abraham und Gott meines Vaters Isaak, ... würdige mich aus der Hand meines Bruders, der Hand Esaus, gerettet zu werden, denn ich fürchte, dass er kommt und mich mit der Mutter und ihren Kindern erschlägt" (siehe Gen 27,41). „Als Jakob die Augen aufhob, sah er Esau mit 400 seiner Männer kommen ... Er selbst ging auf sie zu und verbeugte sich sieben Mal bis auf die Erde, bevor er an seinen Bruder herantrat. Esau aber lief ihm entgegen, warf sich ihm an den Hals, umarmte und küsste ihn, und sie weinten beide" (Gen 33,1.3-4). Esau, der seinen Bruder hasste, ließ sich zur Versöhnung bewegen. Jakob hatte ihn in der Tat durch Hinterlist des Segens ihres Vaters beraubt, der ihm aufgrund des Erstgeburtsrechts zustand. In Jakob-Israel ist uns ein Vorbild demütiger Reue gegeben.

Könnte die gegenwärtige geistige Krise, welche die ganze Welt betrifft, nicht als ein Vorspiel zu einer neuen großen Wiedergeburt verstanden werden? Denn was sich jetzt in der Seele vereinzelter Individuen abspielt, kann sich genau so bei einer bedeutenden Anzahl von Menschen verwirklichen; es kann plötzlich die Form einer Springflut annehmen, ja wie ein heller Blitz, der die finstere Nacht erleuchtet, erstrahlen. Der Abschnitt der Geschichte, den wir zu leben haben, könnte und sollte eine Phase werden, die uns erlaubte, das Dasein in allen seinen Dimensionen tief innerlich anzueignen. Im Licht einer solchen Hoffnung tragen selbst die Leiden dazu bei, vor unseren Augen ein majestätisches Schauspiel zu entfalten: „Ein Tag sagt's dem andern, und eine Nacht tut's kund der andern" (Ps 18,3), wenn wir sie dem Gebet widmen, das bis an „die Enden der Erde" reicht. „Vom einen Ende des Himmels ist sein Ausgang [des Gebetes] und bis an ihre Enden sein Lauf; nichts bleibt vor seiner Glut [des Gebets] verborgen" (Ps 18,7). Das Gebet erwärmt und erfreut uns. Es ist der Kanal, durch den wir die Offenbarung von oben empfangen.

Gelobt sei der Name des Herrn, von nun an bis in Ewigkeit.

Die Phasen der Offenbarung Gottes, wie sie in der Heiligen Schrift dargestellt sind, entsprechen zum großen Teil denen unseres eigenen geistlichen Fortschritts. Wir wachsen auf die gleiche Weise wie unsere Väter und Vorväter in der Erkenntnis. Am Anfang haben die Menschen ganz intuitiv einen Sinn für ein Höchstes Wesen. Dann enthüllen sich dem menschlichen Geist allmählich immer zahlreicher dessen Eigenschaften, bis die furchtbare Stunde des ICH BIN im brennenden Dornbusch kommt. Im Lauf der folgenden Zeiten vertiefen sich die spirituelle Erfahrung und das Verständnis des Mysteriums; aber ihre Vollendung erlangen sie erst mit dem Kommen Dessen, der erwartet wird.

Er, der seinem Wesen nach über jeden Namen erhaben ist, offenbart Sich den „nach Seinem Bild" geschaffenen und mit Vernunft begabten Wesen in einer großen Anzahl von Namen: als Ewiger, Allwissender, Allmächtiger, Pantokrator; als Licht, Leben, Schönheit, Weisheit, Güte, Wahrheit, Liebe; als Gerechter, Erlöser, Heiliger und Heiligender und noch mehr. In und durch einen jeden davon erfahren wir die Nähe und das Zu-uns-Kommen eines alleinigen und einzigartigen Gottes; und aufgrund Seiner Unteilbarkeit empfangen wir Ihn in Seiner Ganzheit. Es ist richtig, so zu denken, doch zugleich erlaubt uns keiner dieser Namen, Ihn vollkommen zu erkennen, „so wie Er ist". Und dennoch hört Er nicht auf, Sich in Namen zu offenbaren.

Zwanzig Jahrhunderte sind vergangen, seit Der, den die Völker erwarteten, gekommen ist: der Logos des Vaters. Supra-kosmisch seinem Wesen nach, nahm Er als Schöpfer unserer Natur „Knechtsgestalt" an, in der Er „den Menschen gleich geworden" ist (Phil 2,7). Er, der ohne Anfang ist, das Wort des Vaters, „ward Fleisch und wohnte unter uns" (Joh 1,14). Der Ewige hat Sich in der Zeit offenbart, und siehe, ein neuer Name wurde uns enthüllt: JESUS, Retter oder ERLÖSER-GOTT. Ein großes Licht ist in das Leben der Welt eingetreten, und eine neue Ära hat ihren Anfang genommen. Wenn die Geschichte von Adam bis Moses heilig war, so war sie es auch seit der Gotteserscheinung auf dem Berge Sinai, und sie ist es um so mehr seit der Ankunft Christi.

Schon vor Seinem Kommen existierte die Idee eines Erlöser-Gottes, doch mit anderem Inhalt, mit anderen Dimensionen; sie hatte einen unvergleichlich weniger konkreten Charakter. „Das Volk, das im Finstern wandelt, hat ein großes Licht gesehen, und denen, die im Lande des Todesschattens wohnen, ist ein Licht aufgegangen" (Mt 4,16).

Der Name Jesus offenbart uns an erster Stelle den Sinn oder das Ziel der Menschwerdung Gottes: „Um unseres Heiles willen." Die Tatsache, dass Gott unsere geschaffene Menschennatur angenommen hat, bekundet auch für uns die Möglichkeit, Kinder Gottes zu werden. Unsere Adoption an Sohnesstatt lässt uns an der göttlichen Seinsweise teilhaben. „In Ihm wohnt die ganze Fülle der Gottheit leibhaftig" (Kol 2,9). Nach Seiner Himmelfahrt sitzt Er zur Rechten des Vaters, doch von nun an auch als Menschensohn. Hier sind Seine Worte: „Ich habe ihnen die Herrlichkeit gegeben, die du mir gegeben hast, auf dass sie eins seien, wie wir eins sind. Ich in ihnen und du in mir, so dass sie vollkommen eins seien, auf dass die Welt erkenne, dass du mich gesandt hast und dass du sie liebst, wie du mich liebst. ... Vater, ich will, dass dort, wo ich bin, auch jene mit mir seien, die du mir gegeben hast, auf dass sie meine Herrlichkeit schauen, die du mir gegeben hast, denn du hast mich geliebt, ehe der Grund der Welt gelegt war. ... Ich habe ihnen Deinen Namen kundgetan und ich werde ihn fürderhin kundtun, damit die Liebe, mit der du mich liebst, in ihnen sei und ich in ihnen" (Joh 17,22-26).

Unser Verstand versagt vor diesem Mysterium. Der Schöpfergott hat Sich mit unserer geschaffenen Natur bekleidet. Als der Ewige und Unvergängliche hat Er die zeitliche und vergängliche Form des Seins angenommen. Als Geist, der alles Denken übersteigt, ist Er Fleisch geworden und hat uns die Möglichkei gegeben, Ihn mit unseren Händen zu berühren, Ihn mit unseren körperlichen Augen zu betrachten. Über alle Leidenschaft erhaben, hat Er Sich dem Leiden ausgeliefert. Das anfangslose Leben hat Sich mit dem Tod verbunden.

Der Geist, der den Kategorien der Philosophie verhaftet ist, kann das Zeugnis des Evangeliums nicht akzeptieren: für ihn bleibt es Torheit. Das Absolute der Philosophen erhielt von seinen Schöpfern nicht die Erlaubnis, sich zu erniedrigen und „Knechtsgestalt" anzunehmen (siehe Phil 2,7). Das Absolute, wie sie es erfunden haben, ist im Grunde nichts anderes als das Nicht-Sein im buchstäblichen und negativen Sinne des Begriffs. Vor der Ankunft Christi gab es bereits genügend Denker, welche außerordentlich verführerische Doktrinen im Zusammenhang mit einem solchen abstrakten Absolutum ausarbeiteten. So ist es durchaus nicht verwunderlich, wenn wir in unseren Tagen die gleichen Tendenzen wieder auftauchen sehen. Bedauerlich zahlreich sind aber jene, welche einer solchen spirituellen Verirrung zum Opfer fallen. Sie haben nicht auf folgende geniale Hymne des Apostels Paulus achtgegeben: „Es steht geschrieben: Ich will die Weisheit der Weisen zunichte machen und den Verstand der Verständigen verwerfen (...), denn es gefiel Gott wohl, durch die Torheit der Botschaft selig zu machen, die daran glauben. Denn die Juden fordern Zeichen und die Griechen suchen Weisheit, wir dagegen verkünden den gekreuzigten Christus, den Juden ein Ärgernis und den Griechen eine Torheit, denen aber, die berufen sind, Juden wie Griechen, predigen wir Christus als Gottes Kraft und Gottes Weisheit. Denn die Torheit Gottes ist weiser, als die Menschen sind, und die Schwachheit Gottes ist stärker, als die Menschen sind. (...) Das Törichte vor der

Welt, das hat Gott erwählt, um die Weisen zuschanden zu machen, und das Schwache vor der Welt hat Gott erwählt, um das Starke zuschanden zu machen. Und das Niedrige vor der Welt und das Verachtete hat Gott erwählt: das, was nichts ist, um das, was etwas ist, zu vernichten, damit kein Mensch sich rühme vor Gott ... wie geschrieben steht: ‚Wer sich rühmt, der rühme sich des Herrn'" (1 Kor 1,19-25.31).

„Und das Wort ward Fleisch und wohnte unter uns" (Joh 1,14). Wir verstehen nicht, wie das möglich ist, schließen es aber nicht aus, dass Er, der unsere Natur geschaffen hat, sie auch in Seine Hypostase mit aufzunehmen vermochte. Er hat Selber nicht eine neue, andere, menschliche Hypostase angenommen, sondern als Gott in Seiner ewigen Hypostase verbleibend, hat Er die göttliche Natur mit der menschlichen vereinigt. Er manifestierte in Fleischesgestalt die Vollkommenheit des Vaters und zeigte mit außerordentlicher Wirkkraft die Vereinbarkeit Gottes und des Menschen.

Christus hat uns die volle Erkenntnis der Heiligen Trinität gebracht: des Vaters, des Sohnes und des Heiligen Geistes. Unter dem Namen Jahwe – ICH BIN – verstand Moses eine einzige Person. Für ihn waren Das Wort und Der Geist Energien des Einen, der ist. Uns indessen wurde geoffenbart, dass sowohl Das Wort wie auch Der Geist Dem Vater ebenbürtige Hypostasen sind: Einer in Seinem Wesen, ist Gott dreifaltig in Seinen Hypostasen. Als Abbild dieses Gottes ist die Menschennatur eine in einer Vielfalt von Hypostasen.

Auf Grund der Einheit Gottes lässt sich der Name ICH BIN sowohl auf die Trinität in ihrer Gesamtheit als auch auf jede der Hypostasen gesondert anwenden. Denn wie zahlreiche andere göttliche Namen kann und muss dieser entweder als gemeinsamer Name (der gesamten Trinität), oder als Eigenname (jeder der Personen) verstanden werden. Ebenso bezieht sich die Bezeichnung „Herr" auf die drei Personen zusammen, wie auch gleichzeitig auf jeden von den Dreien einzeln genommen. Man könnte auch den Namen JESUS, im Sinne von Erlöser-Gott, auf die gleiche Art gebrauchen. Doch tatsächlich benützen wir ihn ausschließlich als Eigennamen für Christus, der zweiten Person der Allheiligen Trinität.

Im Altertum wurde dem Menschen die Erkenntnis der Gottheit vorwiegend unpersönlich, auf dem Wege jener Namen vermittelt, welche eher die Eigenschaften und Attribute Gottes betonen: Seine Macht, Allgegenwart, Allwissenheit, Vorsehung, Herrlichkeit usw. Moses aber wurde der Name Jahwe als Eigenname Gottes gegeben.

Durch die Inkarnation des väterlichen Logos sind wir mit Gott in einen so engen Kontakt getreten, und dies in einer solchen Fülle, dass wir von nun an keine neue Offenbarung mehr erwarten, die käme, um das bereits Empfangene zu vervollständigen. Was wir allein benötigen, ist die Bemühung, den Geboten gemäß zu leben, auf dass wir uns diese außerordentliche Gabe in ihren wahren Dimensionen zu eigen machen können: Er hat unter uns gelebt, und zwar unter den Bedingungen unseres gefallenen Zustandes; Er hat in unserer Sprache zu uns gesprochen; Er hat sich in einem solchen Grade bis zu uns erniedrigt, dass Er sich von unseren Händen berühren ließ. In sichtbarer Gestalt hat Er uns umfassend den unsichtbaren Vater geoffenbart und uns alles eröffnet, was die Beziehung zwischen Gott und dem Menschen betrifft. Das uns durch Ihn gewährte Heil besitzt einen außerordentlich konkreten Charakter. Er begann sein Wirken mit dem Aufruf: „Tut Buße, denn das Himmelreich ist nahe" (Mt 4,17). In diesem Aufruf erkennen wir die Fortsetzung Seines Zwiegesprächs mit Adam im Paradies (siehe Gen 3,8-19).

Erhaben ist der Name ICH BIN, erhaben der Name Heilige TRINITÄT, erhaben ebenso der Name JESUS. Vieles lässt sich über diesen Namen sagen, ohne dass damit jedoch sein Inhalt ausgeschöpft wäre. Er gehört Dem, dem alles, was existiert, seine Entstehung verdankt: „Alle Dinge sind durch Ihn geschaffen, und nichts von dem, was geschaffen wurde, ist ohne ihn geschaffen. In ihm war das Leben, und das Leben war das Licht der Menschen" (Joh 1,3-4). Er war „im Anfang", mit anderen Worten: Er ist das Prinzip des gesamten Universums. Im innertrinita-rischen Leben ist Er dem Vater zugewandt, und im Schöpfungsakt hat Sich derselbe Logos denen zugewandt, die nach Seinem Bilde geschaffen sind.

Als Träger von Sinn und Erkenntnis, als „Energie" Gottes in Seiner Beziehung zur Welt und als Sein Eigenname ist der Name „Jesus" ontologisch mit Ihm verbunden. Dieser Name umschließt eine spirituelle Realität. Als Klangelement der menschlichen Sprache kann er mit dieser Realität übereinstimmen, muss es aber nicht unbedingt. Als Zusammenklang von Lauten wurde er zahlreichen Sterblichen gegeben; doch im Gebet benutzen wir ihn mit einer anderen Geisteshaltung und anderem Inhalt. Für uns ist er eine Brücke, die uns mit Ihm verbindet; Er ist ein Kanal, durch den wir die göttliche Kraft empfangen. Vom Heiligen Gott herkommend, ist er heilig und heiligt uns, wenn wir ihn anrufen. Mit und dank diesem Namen erhält unser Gebet eine gewisse Greifbarkeit, denn er vereinigt uns mit Gott. In diesem Namen ist Gott gegenwärtig, wie in ei-nem Sammelbecken, ja wie in einem kostbaren, mit Duftstoffen gefüllten Gefäß. Dank des Namens wird der Transzendente wahrnehmbar immanent. Als göttliche Energie geht er vom Wesen Gottes aus und ist in sich selbst göttlich.

Wenn wir beten und uns dabei dessen bewusst sind, was weiter oben gesagt wurde, wird unser Gebet ein furchterregender und zugleich triumphaler Akt. Im Alten Testament wurde das Gebot gegeben, Gottes Namen nicht unnütz auszusprechen; uns aber gab der Herr das von einem Versprechen begleitete Gebot, den Vater „in meinem Namen" zu bitten. Jetzt, da uns durch das Kommen Christi der tiefere Sinn aller göttlichen Namen enthüllt worden ist, müssten wir – ebenso wie zahlreiche Asketen, unter denen ich leben durfte – innerlich erzittern, wenn wir den allerheiligsten Namen Jesu aussprechen. Eine Anrufung des göttlichen Namens erfüllt unser ganzes Wesen mit der Gegenwart Gottes, entrückt unseren Intellekt aus dieser Welt in andere Sphären und vermittelt uns eine besondere Energie und ein neues Leben. Ein göttliches Licht, von dem zu sprechen nicht leicht fällt, geht mit diesem Namen einher.

Wir wissen, dass nicht nur der Name „Jesus", sondern auch alle übrigen uns von oben geoffenbarten Namen ontologisch mit Gott verbunden sind. Wir wissen dies durch unsere Erfahrung innerhalb der Kirche. Denn in unserer Kirche werden alle Mysterien durch die Anrufung des Namens Gottes vollzogen, vor allem durch die Anrufung der Heiligen Trinität: des Vaters, des Sohnes und des Heiligen Geistes. Unser gesamter Gottesdienst ist auf der Anrufung der göttlichen Namen begründet. Dabei schreiben wir den Worten als solchen, oder dem Phänomen der Lauthülle an sich, keine magische Wirkkraft zu; aber wenn sie als wahres Glaubensbekenntnis, mit echter Gottesfurcht, Verehrung und Liebe ausge-sprochen werden, ist Gott wahrhaftig zugleich mit Seinen Namen bei uns.

Von Generation zu Generation hat die Priesterschaft diese sich auf die Macht des Namens Gottes beziehende Erfahrung bewahrt und die Mysterienhandlungen mit dem tiefen Bewusstsein der lebendigen Gegenwart Gottes verrichtet. Das Heilige Mysterium, welches sich während der Göttlichen Liturgie vollzieht, wurde ihnen geoffenbart. Sie hatten nicht den geringsten Zweifel daran, dass sich vor uns in ihrer ganzen Realität der

Leib und das Blut Christi befinden: über dem Brot und dem Wein war der Heilige Name Dessen angerufen worden, dessen Wort, wenn einmal ausgesprochen, unmittelbar zur Tatsache wird. „Gott sprach: Es werde Licht – und es ward Licht" (Gen 1,3).

Dass der ontologische Charakter der Gottesnamen in Vergessenheit geraten ist, das Fehlen dieser Erfahrung im Gebet sowie beim Vollzug der Mysterien, hat im Leben vieler Menschen eine Leere hinterlassen. Für sie verlieren das Gebet und sogar die Mysterien ihre ewige Wirklichkeit. Die eucharistische Liturgie wird dadurch von einem göttlichen Akt auf ein simples „Gedenken" mentaler oder psychologischer Art reduziert. Viele von ihnen sind dahin gelangt, das Beten als reine Zeitverschwendung zu betrachten, besonders dann, wenn ihr Gebet um die Erfüllung irdischer Bedürfnisse nicht erhört wurde ... Ist denn nicht das höchste Wunder unserer Existenz (welches auch den wichtigsten Gegenstand unseres Betens darstellen sollte) die Vereinigung unseres ganzen Wesens mit Gott? Eben hierin besteht jenes „Gute Teil, das" – durch den Tod – „nicht von uns genommen werden wird" (siehe Lk 10,42). Unsere Aufmerksamkeit sollte auf die Tatsache unserer Auferstehung in Gott als letztendlichen Zweck unseres In-die-Welt-Kommens zentriert sein. Die Liebe zu Christus ruft in unserem Leben eine radikale Veränderung hervor, indem sie den Menschen ganz und gar erfüllt. Als Gott-Mensch hat Christus Gott und Mensch in Sich Selbst vereinigt, und auch wir erhalten durch Ihn Zugang zum Vater. Könnten wir uns etwa etwas Größeres wünschen?

Diejenigen, die Christus und Seinen Namen lieben, erquicken sich am Lesen des Evangeliums und ganz allgemein der gesamten Heiligen Schrift. Die göttlichen Namen, der Sinn und das Licht, die sie ausstrahlen, ziehen den Geist des Menschen an, sodass ihn nichts anderes mehr verlocken kann. Mit welch inspirierter Autorität erklärt Petrus: „Es ist kein anderer Name unter dem Himmel den Menschen gegeben, durch den wir sollen selig werden." Und zuvor: „Silber und Gold besitze ich nicht, was ich aber habe, das gebe ich dir: im Namen Jesu Christi von Nazareth, stehe auf und gehe umher!" (Apg 4,12 und 3,6). Bei einer anderen Gelegenheit „erhoben die Apostel ihre Stimmen zu Gott und sprachen: Herr, du hast Himmel und Erde und das Meer und alles, was darin ist, gemacht. (...) Sieh an ihr Drohen (der Könige und der Gewaltigen: sowohl Herodes als Pontius Pilatus mit dem Volk der Heiden und der Juden) und gib deinen Knechten mit allem Freimut zu reden dein

Wort, strecke deine Hand aus, dass Heilungen und Zeichen und Wunder geschehen durch den Namen deines heiligen Knechtes Jesus. Und als sie gebetet hatten, erbebte der Ort, an dem sie versammelt waren; und sie alle wurden vom heiligen Geist erfüllt und redeten das Wort Gottes mit Freimut. (...) ... und große Gnade war auf ihnen allen" (Apg 4,24-33).

In Seinem Wesen transzendiert Gott alles, und ist folglich auch über jeden Namen und Begriff erhaben; doch wenn Er Sich offenbart, dann gewährt Er uns eine lebendige Erfahrung Seiner Gegenwart, und diese manifestiert sich durch Namen. So zeugt die Heilige Schrift von Anfang bis Ende mittels Seiner Namen von Gott; unser Geist frohlockt unaufhörlich, wenn er den geheiligten Worten begegnet, und unsere Seele segnet Gott für diese überaus kostbare Gabe.

Auf dem Gebiet der Gotteserkenntnis entwickelt sich der Mensch nur langsam. Jahre um Jahre vergehen, ehe sich in unserem Bewusstsein die herrliche Schau des Seins enthüllt: die Schöpfung der Welt mit allen ihren kosmischen Erscheinungen und Kräften, und jene des Menschen, als „der Herr ihm Lebensodem in die Nase hauchte" (Gen 2,7). Der Mensch ist das Prinzip, das die Verbindung zwischen Gott und dem Rest der Schöpfung herstellt, denn in ihm verwirklicht sich die Begegnung der geschaffenen kosmischen Energien mit dem Ungeschaffenen. Jede Energie, die von Gott, von dem Wesen Gottes, ausgeht, wird von den Theologen als „Gottheit" bezeichnet. Sicher, das Wesen an sich lässt sich dem geschaffenen Menschen nicht vermitteln, doch das Leben Gottes wird ihm durch das göttliche Handeln mitgeteilt. Der Akt der Vergöttlichung geschieht durch die ungeschaffene Gnade. Im Neuen Testament bildet die Offenbarung auf dem Berge Tabor das offenkundigste Beispiel für eine Manifestation der göttlichen Energie. Die Jünger vernahmen die Stimme des Vaters, die von der Lichtwolke ausging, welche sie überschattete: „Dies ist mein geliebter Sohn, an dem ich Wohlgefallen habe ..." (Mt 17,5). Sowohl das Licht wie die Stimme (eines wie das andere unerklärlich), alles war göttlich.

Für jeden von uns ist es unerlässlich, die Energien ihrem Ursprung nach unterscheiden zu lernen; die Unfähigkeit, eine solche Unterscheidung recht zu treffen, verlangsamt unseren spirituellen Wachstumsprozess.

Es ist sicherlich von Nutzen, darauf hinzuweisen, dass das Gebet im Namen Jesu nichts Automatisches oder gar Magisches an sich hat.

Wenn wir uns nicht zugleich anstrengen, Seine Gebote zu halten, rufen wir Seinen Namen vergeblich an. Er Selbst warnt uns: „Es werden viele an jenem Tage zu mir sagen, Herr, Herr: haben wir nicht in deinen Namen geweissagt? Haben wir nicht in deinem Namen böse Geister ausgetrieben? Haben wir nicht in deinem Namen viele Wunder getan? Dann werde ich ihnen bekennen: Ich habe euch noch nie gekannt; weicht von mir, ihr Übeltäter" (Mt 7,22-23). Es ist für uns wesentlich, dass wir uns Moses zum Vorbild nehmen, der sich in jeder Art von Schwierigkeiten fest und geduldig erwies, so als sähe er den Unsichtbaren (Hebr 11,27), und Ihn in dem Bewusstsein der ontologischen Verbindung anzurufen, die den Namen mit dem Genannten, der Person Christi, vereint. Unsere Liebe zu Ihm wird sich in dem Maße entwickeln und vervollkommnen, in dem in uns die Erkenntnis, die das Leben des geliebten Gottes betrifft, zunimmt und sich vertieft. Wenn wir auf menschlicher Ebene jemanden lieben, bereitet es uns Freude, seinen Namen auszusprechen, und wir lassen nicht ab, ihn leidenschaftlich zu wiederholen. Wie unvergleichlich viel mehr trifft dies auf den Namen des Herrn zu!

Wenn eine geliebte Person sich uns allmählich mit all ihren Gaben öffnet, wird sie uns umso wertvoller, und mit grosser Freude entdecken wir an ihr dauernd neue Qualitäten. Eben dieses geschieht auch mit dem Namen Jesu Christi. Mit wachsendem Interesse entdecken wir in diesem Namen neue Geheimnisse der göttlichen Vorsehung, und wir selber werden die Träger der darin verborgenen Wirklichkeit. Dank dieser lebendigen Erkenntnis, die wir durch die eigene Lebenserfahrung erlangen, treten wir in Gemeinschaft mit der Ewigkeit: „Das aber ist das ewige Leben, dass sie dich, der du allein wahrer Gott bist, erkennen, und den du gesandt hast, Jesus Christus" (Joh 17,3).

Herr Jesus Christus, Sohn Gottes, erbarme Dich unser und Deiner Welt.

Der Name „Jesus" wurde durch Offenbarung von oben gegeben. Er stammt aus dem ewigen Gottesbereich und ist keinesfalls ein bloßes Produkt des Menschenverstandes, obwohl er in einem geschaffenen Wort seinen gegenwärtigen Ausdruck findet. Die Offenbarung ist ein Akt, eine Energie Gottes. Als solche gehört sie einem anderen Seinsplan an und transzendiert die kosmischen Energien. In seiner überirdischen Herrlichkeit ist der Name „Jesus" metakosmisch. Wenn wir den Namen Christi nennen, wenn wir Ihn, Der alles erfüllt, bitten, mit uns in Verbindung zu treten, dann achtet Er auf unsere Worte, und wir treten in lebendigen

Kontakt mit Ihm. Als ewiger Logos des Vaters bildet Er mit Ihm eine unlösbare Einheit, und so tritt Gott der Vater durch Sein Wort zu uns in Beziehung. Christus ist der Mitewige und Eingeborene Sohn des Vaters, und deshalb kann Er sagen: „Keiner kommt zum Vater, denn durch mich" (Joh 14,6). Der Name „Jesus" bedeutet „Erlöser-Gott"; in diesem Sinn kann er sowohl auf die ganze Trinität als auch auf jede einzelne der Hypostasen angewendet werden. Aber wenn wir beten, benutzen wir den Namen Jesus ausschließlich als Eigennamen des Gott-Menschen und richten die Aufmerksamkeit unseres Intellekts auf Ihn. „In ihm wohnt die ganze Fülle der Gottheit leibhaftig", sagt der Apostel Paulus (Kol 2,9). In Ihm wohnt nicht nur Gott, sondern auch das gesamte Menschengeschlecht. Indem wir im Namen Jesu Christi beten, treten wir vor die absolute Fülle sowohl des ungeschaffenen ursprünglichen als auch des geschaffenen Seins. Um in den Bereich dieser Seinsfülle eingehen zu können, müssen wir Ihn auf solche Weise in uns aufnehmen, dass Sein Leben auch unser Leben wird, und zwar dadurch, dass wir in Übereinstimmung mit Seinem Gebot Seinen Namen anrufen.

Herr Jesus Christus, Sohn Gottes, erbarme Dich über mich Sünder.

„Wer aber dem Herrn anhängt, der ist ein Geist mit Ihm" (1 Kor 6,17).

Wenn ich mich hier so ausführlich mit der dogmatischen Bedeutung der Anrufung des Jesusnamens befasst habe, ist der Grund dafür, dass ich im Lauf der letzten Jahrzehnte häufig falschen Vorstellungen über die Praxis dieses Gebets begegnet bin. Besonders unannehmbar ist der Versuch, es mit Yoga, dem Buddhismus oder sogar der ‚Transzendentalen Meditation' zu vermischen. Was das Christentum radikal von allen diesen spirituellen Formen unterscheidet, ist die Tatsache, dass unserem Leben die Offenbarung des persönlichen Gottes zugrunde liegt: ICH BIN. Alle die anderen Wege wenden den Intellekt des Menschen von den persönlichen Beziehungen zu Gott ab und führen ihn in den Bereich eines abstrakten und transpersonalen Absoluten und sind auf eine entpersönlichende Askese ausgerichtet.

Eine gewisse Meditation zielt darauf ab, unseren Intellekt von jeglicher bildhaften Vorstellung zu befreien; sie kann uns ein Empfinden von Gelassenheit und Frieden, sowie von Raum- und Zeitlosigkeit verschaffen, aber ihr fehlt ganz das Bewusstsein, sich in der Gegenwart des persönlichen Gottes zu befinden. In ihr gibt es kein Gebet im eigentlichen Sinne, das heißt keine Begegnung mit Gott von Angesicht zu Angesicht.

Das führt womöglich dazu, dass derjenige, der diese Art Meditation mit Eifer betreibt, sich mit den psychischen Zuständen, die sie bietet, völlig begnügt; ja, es mag geschehen – und das erweist sich als das Allerschlimmste – dass ihm sogar der Begriff des Lebendigen Gottes, des personalen Absoluten, abhanden kommt. Ziemlich häufig sind heutzutage die sinnlosen Bemühungen, in kürzester Zeit ein sogenanntes „kosmisches Bewusstsein" zu erlangen oder auch die Erfahrung einer totalen Versenkung in das „überpersönliche Absolute" zu machen. In Wirklichkeit kommt eine solche „Askese" einer Abkehr vom allein wahren Gott gleich, von Dem, der in Wiklichkeit Ist.

Die Lehre des Evangeliums spricht nicht nur von einem persönlichen Gott, sondern auch von der persönlichen Unsterblichkeit derer, die erlöst sind (siehe Joh 14,19). Diese erlangt man durch den Sieg über die Welt der Leidenschaften. Welch erhabene und herrliche Aufgabe! Der Herr hat gesagt: „Seid getrost, Ich habe die Welt überwunden" (Joh 16,33). Wir wissen jedoch, dass dieser Sieg nicht leicht war. Und wiederum ermahnt uns der Herr: „Geht ein durch die enge Pforte, denn die Pforte ist weit und der Weg ist breit, der zum Verderben führt, und viele sind's, die auf ihm hineingehen. Doch wie eng ist die Pforte und wie schmal der Weg, der zum Leben führt, und wenige sind es, die ihn finden. Hütet euch vor den falschen Propheten" (Mt 7,13-15). Was bedeutet das Verderben? Wenn die Menschen den Lebendigen Gott verlassen, der Sich uns geoffenbart hat, und sich mit vollem Bewusstsein wiederum dem ‚Nichts' zuwenden, aus dem heraus sie ins Dasein gerufen wurden – mit der Verheißung Gottes, durch Adoption als Kinder und durch die Einkehr der Heiligen Trinität in ihnen an der ewigen Seligkeit Anteil zu bekommen.

Um den Worten Christi Glauben zu schenken, muss man entweder einfältig sein wie die Kinder: „Wenn ihr euch nicht bekehrt und werdet, wie die Kinder, könnt ihr nicht ins Himmelreich eingehen" (Mt 18,3); oder man muss den ‚verrückten' Wagemut eines Paulus besitzen, um sagen zu können: „Wir sind Narren um Christi willen ..., wir sind schwach ..., wir sind verachtet ... Wir sind zum Kehricht der Welt geworden, allen ein Auswurf, bis jetzt ..." (1 Kor 4,10-13). Und trotz alledem: „Niemand vermag einen anderen Grund zu legen, als den, der gelegt ist, welcher ist Jesus Christus" (1 Kor 3,11). „Ich ermahne euch denn, zeiget euch als meine Nachfolger, so wie ich Christi Nachfolger bin" (1 Kor 4,16).

In der christlichen Erfahrung erlebt man eine Art kosmischen Bewusstseins durch ein dem Gebet des Herrn in Gethsemane vergleichbares Gebet, nicht aber durch einen auf die Transzendenz ausgerichteten Elan philosophischer Art. „Und Er sprach zu ihnen: So steht geschrieben ..., dass gepredigt wird in Seinem Namen Buße zur Vergebung der Sünden unter allen Völkern ... Dessen seid ihr Zeugen. Und siehe ich werde auf euch herabsenden, was mein Vater verheißen hat. Ihr aber bleibet [im Gebet], bis ihr angetan werdet mit Kraft aus der Höhe" (Lk 24,46-49).

II. DIE PRAXIS DES JESUSGEBETS

Im gegenwärtigen Kapitel habe ich mir vorgenommen, so kurz wie möglich die wichtigsten Aspekte der großen, spirituellen Herzenskultur darzulegen, zusammen mit den einsichtsvollsten Ratschlägen in Bezug auf die praktische Anwendung dieser Askese, die ich auf dem Berg Athos kennen lernen durfte.

Jahrelang verwenden die Mönche das Gebet rein mündlich, ohne zu versuchen, den Intellekt auf künstlichem Wege mit dem Herzen zu vereinen. Sie achten vor allem mit großer Wachsamkeit darauf, dass ihr alltägliches Leben mit den Geboten Christi übereinstimmt. Die jahrhundertealte Erfahrung dieser Gebetsübung hat gezeigt, dass sich der Intellekt unter Einwirkung der göttlichen Gnade mit dem Herzen vereinigt, wenn der Mönch die Praxis des Gehorsams und der Entsagung ernsthaft ausgeübt hat und wenn der Intellekt, das Herz und selbst der Leib seines ‚alten Menschen' sich in genügendem Maße von dem Machtanspruch der Sünde befreit haben.

Es ist wahr, dass die Väter in der Vergangenheit wie auch heutzutage es gelegentlich erlauben, eine ‚künstliche' Methode zu Hilfe zu nehmen, die das Herabsteigen des Intellekts ins Herz unterstützt. Sie besteht darin, nachdem man eine geeignete Körperstellung eingenommen und mit geneigtem Kopf das Kinn auf die Brust herabgesenkt hat, im Geiste das Gebet zu wiederholen, indem man mit den Worten „Herr Jesus Christus" (Sohn Gottes) sanft einatmet, und beim Ausatmen das Gebet mit den Worten „erbarme Dich meiner" („... über mich Sünder") beendet. Beim Einatmen folgt die Aufmerksamkeit des Intellekts anfangs der Atembewegung und macht beim oberen Teil des Herzens halt. Indem man auf solche Art und Weise verfährt, gelingt es einem nach einer gewissen Zeit, die Aufmerksamkeit von jeder Ablenkung frei zu halten. Der Intellekt ruht ganz in der Nähe des Herzens oder dringt sogar in es ein. Die Erfahrung zeigt, dass diese Methode dem Intellekt die Möglichkeit eröffnet, nicht die physische Gestalt des Herzens selbst zu sehen, sondern das, was dort geschieht: welche Empfindungen in ihm entstehen und welcherlei Bildvorstellungen sich ihm von außen her nähern. Das Resultat einer solchen Übung ist, dass der Mönch lernt, sein eigenes Herz zu fühlen und mit konzentriertem Intellekt fest in ihm versenkt zu bleiben, ohne im Weiteren eine ‚psychosomatische Technik' zu benötigen.

Diese künstliche Methode kann dem Anfänger helfen herauszufinden, worauf er seine innere Aufmerksamkeit während des Gebets (und ganz allgemein zu jeder Zeit) richten sollte. Indessen gelangt man auf diese Weise nicht zu dem wahren Gebet. Es enststeht nur durch Glaube und Bußfertigkeit, die die einzige wirkliche Grundlage eines authentischen Gebets sind. Die Gefahr der Psychotechniken besteht darin – was im übrigen eine lange Erfahrung reichlich bezeugt, dass häufig der Methode als solcher eine übertriebene Bedeutung zugemessen wird. Um diese gefährliche Tendenz zur Deformation des spirituellen Lebens zu vermeiden, wurde schon in früheren Zeiten den noch unerfahrenen Asketen empfohlen, einen anderen Weg zu wählen, der verhältnismäßig langsamer, dafür aber unvergleichlich viel korrekter und nutzbringender ist: die Aufmerksamkeit auf den Namen Jesu Christi und die Worte des Gebets zu konzentrieren. Wenn nämlich die Herzenszerknirschung aufgrund unserer Sünden einen bestimmten Grad der Inbrunst erreicht, neigt der Intellekt ganz von selbst dazu, sich mit dem Herzen zu vereinigen.

Die vollständige Formel des Jesusgebets lautet wie folgt: „Herr Jesus Christus, Sohn Gottes, erbarme Dich über mich Sünder." Für die Anfänger wird diese Formel empfohlen. In ihrem ersten Teil bekennen wir Christus-Gott, der Sich um unseres Heils willen inkarniert hat; im zweiten Teil anerkennen wir mit reumütigem Geist unseren Fall, unseren Sündenzustand und unsere Erlösung. Die Koppelung des dogmatischen Bekenntnisses mit der Bußfertigkeit verleiht dem Gebet einen umfassenderen Gehalt.

Es ist möglich, in der Entwicklung dieses Gebets verschiedene Stufen zu unterscheiden:

Zunächst ist es vokal; wir sprechen das Gebet mit unseren Lippen aus und konzentrieren die Aufmerksamkeit auf den Namen und die Worte.

Darauf wird es mental oder geistig: wir bewegen die Lippen nicht mehr, sondern sprechen den Namen Jesu Christi und den Rest der Formel in Gedanken, allein mit dem Verstand.

An dritter Stelle bezeichnet man es als Herzensgebet oder als Gebet von Intellekt und Herz: der Intellekt und das Herz sind in ihrer Aktivität vereint; die Aufmerksamkeit ist im Herzensinnern eingeschlossen, wo das Gebet nun ‚gesprochen' (verrichtet) wird.

Auf der folgenden Stufe wird das Gebet spontan: es hat im Herzen Fuß gefasst und fließt sozusagen von selber, ohne besondere Willensanstrengung im Inneren des Herzens, und zieht die Aufmerksamkeit des Intellekts dorthin.

Schließlich, auf der letzten Stufe, wird das Gebet von der Gnade bewegt. Es beginnt wie eine sanfte Flamme in uns zu wirken, wie eine Inspiration von oben, die das Herz durch ein Gefühl göttlicher Liebe erfreut und den Intellekt zu spiritueller Kontemplation fortreißt. Manchmal ist es auch von der Schau des Lichts begleitet.

Die Gebetsstufen Schritt für Schritt zu durchlaufen, erweist sich als die sicherste Lösung. Darum ist es dem Anfänger, der den Kampf wagen will, auch dringend geboten, mit der ersten Stufe, dem vokalen Gebet, zu beginnen, bis er es sich leiblich, mit der Zunge, mit dem Herzen und dem Hirn angeeignet hat. Wie lange diese erste Etappe dauert, ist von Fall zu Fall verschieden. Je gründlicher unsere Umkehr, desto kürzer der Weg.

Die praktische Einübung in Gedanken lässt sich für eine gewisse Zeit mit der psychosomatischen Gebetstechnik verbinden; anders ausgedrückt: der Verstand kann die Worte wiederholen, indem er dem Atemrhythmus folgt, die erste Hälfte des Gebets, wie oben gesagt, beim Einatmen und die zweite beim Ausatmen. Diese Methode kann sich unter der Voraussetzung als nützlich erweisen, dass man sich dessen bewusst ist, dass jede Anrufung des Namens Christi aufs engste mit Christus Selbst verknüpft bleiben muss. Der Name darf nicht von der Person gelöst werden, da sonst das Gebet zu einer bloß mechanischen Wiederholung erniedrigt wird und gegen das Gebot verstößt: „Du sollst den Namen des Herrn deines Gottes nicht unnütz anrufen" (Ex 20,7; Deut 5,11).

Wenn die Aufmerksamkeit des Intellekts fest im Herzen verwurzelt ist, wird der Mensch fähig, weitgehend zu kontrollieren, was sich darin vollzieht, und der Kampf gegen die Leidenschaften nimmt eine klare und bewusste Form an. Der betende Mensch sieht, wie die Feinde sich von außen nahen, und ist in der Lage, sie durch die Kraft des Christusnamens abzuschlagen. Dank dieser Askese wird das Herz empfindsamer und erlangt die Gabe der Hellsicht, die es ihm erlaubt, auf intuitive Weise den Zustand der Person zu erfassen, für die er betet. Auf diese Weise ereignet sich der Übergang vom rein mentalen Gebet zum Gebet ‚von Intellekt und Herz'; erst im Anschluss daran wird die Gabe des ‚spontanen', von selbst fließenden Gebets gewährt.

Wir streben danach, in vollkommener innerer Sammlung unseres ganzen Seins vor Gott zu stehen. Wenn die Anrufung des Namens unseres Erlösers in rechter Gottesfurcht geschieht und mit der ständigen Anstrengung verbunden ist, in Übereinstimmung mit den Geboten Christi zu leben, führt sie nach und nach zu einer seligzupreisenden Vereinigung all unserer Kräfte, die vordem durch den Sündenfall in sich gespalten waren. Bei dieser wunderbaren aber zugleich mühseligen und schwierigen Askese gilt es, niemals übereilt zu handeln. Gott tut unserem Willen keine Gewalt an, Er aber lässt sich von uns auch nicht gewaltsam nötigen, irgendetwas zu tun. Die mit psychotechnischen Mitteln durch Willensanstrengung erreichten Resultate sind nicht von Dauer – und was sich als schlimmer erweist, sie vereinen unseren Geist nicht mit dem Geist des Lebendigen Gottes.

Unter den Bedingungen der gegenwärtigen Weltlage erfordert das Gebet ein übermenschliches Maß an Mut, da die Gesamtheit kosmischer Energien ihm widerstehen. In einem Gebet ohne Ablenkung standzuhalten, bedeutet einen Sieg auf allen Ebenen der natürlichen Existenz. Der Weg ist lang und dornenreich, doch es kommt der Moment, wo der Strahl des göttlichen Lichts die Finsternis durchdringt und vor uns eine Bresche öffnet, durch welche wir die Quelle dieses Lichts schauen können. Dann nimmt das Jesusgebet kosmische und überkosmische Dimensionen an.

„Übe dich in der Frömmigkeit; denn die leibliche Übung ist wenig nütze; aber die Frömmigkeit ist zu allen Dingen nütze und hat die Verheißung dieses und des zukünftigen Lebens. Das ist gewisslich wahr und ein Wort des Glaubens wert. Denn dafür arbeiten wir und kämpfen wir, weil wir unsere Hoffnung auf den lebendigen Gott gesetzt haben, welcher ist der Heiland aller Menschen. (...) Dies gebiete und lehre" (1 Tim 4,7-11).

Diesen Anweisungen des Apostels zu folgen, wird sich als der sicherste Weg erweisen, um zu Ihm zu gelangen, den wir suchen. Lassen wir uns nicht durch allerlei künstliche Mittel verführen, auch wenn sie uns angeblich ermöglichen, die Vergöttlichung zu erreichen.

Wir glauben, dass Gott in die Welt gekommen ist, dass Er uns das Mysterium der Sünde offenbart und uns die Gnade der Umkehr gewährt hat. So beten wir also: „Herr Jesus Christus, Sohn Gottes, erbarme dich über mich Sünder", in der Hoffnung, in Seinem Namen Vergebung und Versöhnung zu empfangen. Bis an unser Lebensende geben wir die Worte „erbarme Dich über mich Sünder" nicht mehr auf. Der vollkommene Sieg über die Sünde ist nur dann möglich, wenn Gott selber kommt und Seinen Aufenthalt in uns nimmt, was im eigentlichen Sinne unserer Vergöttlichung gleichkommt, aufgrund derer wir im Stande sein werden, Ihn zu schauen, „wie Er ist".

Die Fülle der christlichen Vollendung ist auf Erden nicht erreichbar. Der Heilige Johannes der Theologe schreibt: „Niemand hat Gott je gesehen; der Eingeborene Sohn, der im Schoße des Vaters ist, hat ihn uns verkündet" (Joh 1,18). Doch bezeugt er andererseits, dass unsere Vergöttlichung im zukünftigen Zeitalter vollkommen sein wird, denn „wir werden ihn sehen, wie er ist" (1 Joh 3,2). „Wer diese Hoffnung auf ihn hat, der reinigt sich, wie er selbst rein ist. Wer in ihm bleibt, der sündigt nicht. Wer sündigt, der hat ihn nicht gesehen und hat ihn nicht erkannt" (1 Joh 3,3.6). Es ist nützlich, sich den Inhalt dieser Epistel einzuprägen, damit die Anrufung des Namens Jesu in uns wirksam und heilsam werden kann, damit wir vom Tode zum Leben gelangen (siehe 1 Joh 3,14) und mit der Kraft aus der Höhe bekleidet werden mögen (Lk 23,49).

Unter den asketischen Schriften der heiligen Väter ist die ‚Leiter' des Johannes Klimakos eine der bedeutendsten. Die jungen Mönche lesen dieses Buch bereits, aber es dient noch den ‚Vollkommenen' als korrigierende Autorität (es braucht wahrscheinlich nicht betont zu werden, dass die Vollkommenheit hier in dieser Welt niemals absolut ist). Eine entsprechende Beobachtung lässt sich auch in Bezug auf das Jesusgebet machen: einfache, gottesfürchtige Menschen beten es bei jeder Art von Arbeit; es ersetzt die liturgischen Gottesdienste, und es wird von den Mönchen, die sich während der Gottesdienste in der Kirche befinden, ‚in Gedanken' gesprochen; und es ist außerdem das wesentliche Tun der Mönche in ihren Zellen und der hesychastischen Einsiedler.

Die Praxis dieses Gebetes ist aufs engste mit der Theologie des Gottesnamens verknüpft. Sie hat tiefe dogmatische Wurzeln und geht, wie das orthodoxe asketische Leben überhaupt, auf harmonische Weise mit der organischen Entwicklung des dogmatischen Bewusstseins einher. In bestimmten ihrer Formen wird sie wahrhaft zu einem Feuer, das die Leidenschaften aufzehrt (siehe Hebr 12,29). In ihr ist eine göttliche Kraft enthalten, welche diejenigen wieder aufrichtet, die tot sind durch die Sünde. Sie erleuchtet die Intelligenz mit ihrem Licht und befähigt sie, die im Kosmos wirkenden Mächte zu sehen, und sie ermöglicht uns zu beobachten, was in unserem Herzensinnern und unserem Intellekt vor sich geht. Sie „dringt hindurch bis zur Scheidung von Seele und Geist, auch Mark und Bein und ist ein Richter der Sinne und Gedanken des Herzens" (Hebr 4,12).

Wenn es mit rechter Frömmigkeit und Achtung ausgeführt wird, führt dieses Gebet dazu, dass der Mensch zahlreichen feindlichen, unter dem Himmel und in der Atmosphäre verborgenen Kräften begegnet. In einem Zustand tiefer Reue dargebracht, dringt es ein in einen Bereich, der jenseits der Grenzen „der Weisheit der Weisen und dem Verstand der Verständigen" liegt (1 Kor 1,19). Wenn man es mit besonderer Intensität verrichtet, erfordert es entweder eine entsprechend große Erfahrung oder einen Meister. Alle ohne Ausnahme müssen wachsame Vorsicht üben, den Geist der Zerknirschung bewahren, müssen Gottesfurcht besitzen und die Geduld, alles zu ertragen, was uns auf dem Weg widerfahren mag. Dann wird das Gebet zu einer Kraft, die unseren Geist mit dem Geist Gottes vereint und die uns, nachdem sie uns durch in uns verborgene Abgründe der Finsternis geleitet hat, in unserem Inneren die lebendige Gegenwart der Ewigkeit spüren lässt.

Dieses Gebet ist ein immenses Geschenk des Himmels nicht nur für den Einzelnen, sondern für die gesamte Menschheit.

Wie überaus wichtig es ist, im Gebet zu bleiben – um nicht zu sagen, sich darin zu üben – wird die Erfahrung selbst zeigen. Ich gebe mich hier damit zufrieden, eine Parallele mit dem Leben in unserer heutigen Welt zu ziehen, und zugleich als Illustration einige Beispiele aus dem Zeitgeschehen zu geben, die allen gut bekannt sind. Sportler, die für einen Wettkampf trainieren, wiederholen während der ziemlich langen Vorbereitungsphase immer die gleichen Übungen, um dann im Moment, auf den es tatsächlich ankommt, alle notwendigen Bewegungen vollkommen zu beherrschen und dieselben mit Geschwindigkeit, Sicherheit, ja sozusagen mechanisch ausführen zu können. Von der Anzahl der Einübungen hängt somit die Qualität der Ausführung ab.

Ich füge noch eine Geschichte hinzu, die mir von jemandem mitgeteilt wurde, der den betreffenden Personen sehr nahe stand. In einer europäischen Stadt heirateten fast zur gleichen Zeit zwei Brüder zwei junge Mädchen. Die eine war eine intelligente Ärztin vortrefflichen Charakters; die andere hübscher, lebhaft und klug, aber nicht allzu intellektuell veranlagt. Als für beide der Zeitpunkt der Niederkunft kam, entschlossen sie sich, die vor kurzem erschienene Methode der „schmerzlosen Geburt" auszuprobieren. Als Ärztin von Beruf begriff die erste sehr schnell, wie der ganze Mechanismus funktionierte, und gab die Methode daher nach zwei oder drei Gymnastikstunden auf, überzeugt, alles Nötige begriffen zu haben und daher jederzeit in der Lage zu sein, die Methode praktisch anzuwenden. Die andere besaß nur sehr vage anatomische Vorstellungen vom Aufbau ihres Körpers; sie war auch nicht geneigt, sich eingehender um die theoretische Seite der betreffenden Methode zu kümmern. Sie begann stattdessen ganz einfach und mit großem Eifer, die vorgeschriebenen Bewegungen zu wiederholen, sodass sie, als die Zeit der aktuellen Geburt nahte, sich genügend daran gewöhnt hatte. Und was glauben Sie, passierte? Als es soweit war, vergaß die erste all ihr theoretisches Wissen bereits beim ersten Einsetzen der Wehen, und sie gebar „mit Schmerzen" (siehe Gen 3,16), und unter großen Schwierigkeiten. Die andere gebar tatsächlich ohne Schmerzen und fast ohne jede sonstige Mühe.

Uns geht es gewissermassen ebenso. Dem gebildeten heutigen Menschen fällt es nicht schwer, den ‚Mechanismus' des Geistgebetes zu verstehen. Ihm genügt es, zwei oder drei Wochen mehr oder weniger intensiv zu beten, einige Bücher zu lesen, und schon glaubt er sich fähig, ein eigenes Werk der bereits existierenden Anzahl hinzufügen zu können. In der Stunde des Todes jedoch, wenn unser ganzes Sein einem brutalen Auflösungsprozess unterworfen wird, wenn unser Gehirn seine Klarheit verliert und das Herz entweder heftigen Schmerz empfindet oder von großer Schwäche überwältigt wird, dann entschwindet auch alles theoretische Wissen, und das Gebet ist in Gefahr zu versiegen.

Es ist daher unumgänglich, jahrelang zu beten. Man muss nicht allzu viel lesen; höchstens etwas, was sich direkt oder indirekt auf das Gebet bezieht, was durch seinen Inhalt unsere Neigung zum Gebet der Umkehr verstärkt und dazu beiträgt, den Intellekt nach innen gerichtet zu bewahren. So wird das Gebet im Verlauf langer Jahre zu einem Wesensbestandteil unseres Lebens, unsere natürliche Reaktion auf jede Erscheinung im spirituellen Bereich: sei es das Licht oder die Finsternis, die Erscheinung von heiligen Engeln oder dämonischen Kräften, Freude oder Niedergeschlagenheit – kurz, jederzeit und in jeder Lage.

Mit einem solchen Gebet kann unsere Wiedergeburt in eine höhere Welt tatsächlich schmerzlos geschehen.

Der Text des Neuen Testaments ist nicht lang, und trotzdem offenbart er uns die äußersten Tiefen des ursprunglosen Seins; auch die Theorie des Jesusgebets bedarf keiner ausführlichen Erklärungen. Die Vollendung, die uns durch Christus geoffenbart wurde, bleibt innerhalb der Grenzen unseres Erdenlebens unerreichbar. Die Anzahl der Prüfungen, welche der Asket, der dieses Gebet ausübt, erdulden muss, ist unbeschreiblich. Auf merkwürdige Weise führt die Ausübung dieses Gebets den Geist des Menschen zur Begegnung mit den im „Kosmos" verborgenen „Mächten". Das Gebet im Namen Jesu fordert diese zum Kampf gegen ihn heraus, die man vielmehr „Fürsten dieser Welt der Finsternis, pervertierte Kräfte in den himmlischen Regionen" (Eph 6,12) nennen muss. Indem dieses Gebet den Menschen in Sphären führt, die jenseits der Grenzen der irdischen Weisheit liegen, macht es in seinen höchsten Formen „einen Engel und treuen Wegführer" notwendig.

Ihrem Wesen nach entzieht sich die Praxis des Jesusgebets allen äußeren Formen und Regeln, doch bedienen sich die Gläubigen in der Tat – und zwar auf Grund unserer Unfähigkeit, längere Zeit ‚mit reinem Intellekt' im Gebet zu verharren – einer Gebetsschnur, um eine gewisse Gebetsdisziplin und Gebetsfolge einzuhalten. Auf dem Berg Athos haben die am häufigsten benutzten Gebetsschnüre hundert Knoten, die in vier Gruppen von je 25 Knoten aufgeteilt sind. Die Anzahl der vorgeschriebenen Gebete und Metanien ist verschieden. Jeder empfängt für den Tag wie für die Nacht ein bestimmtes Quantum, das seinen Kräften und den realen Möglichkeiten seiner Lebensweise entspricht.

III. DER UNIVERSALE CHARAKTER DES JESUS-GEBETS

Der Mensch, der wirklich glaubt, dass die Gebote des Evangeliums uns vom allein wahren Gott gegeben sind, schöpft aus diesem Glauben die nötige Kraft, um ein dem Bilde Christi entsprechendes Leben zu führen. Er erlaubt sich nicht, dem Wort des Herrn mit Kritik zu begegnen, sondern unterstellt sich im Gegenteil selbst Seinem Urteil. Er wird sich auf diesem Wege als Sünder erkennen und über seinen eigenen erbärmlichen Zustand bekümmert sein. Wenn er keine Reue über seine Sündhaftigkeit empfindet, ist das ein klares Zeichen dafür, dass er noch nicht zur Anschauung des Modells gelangt ist, nach dem der Mensch schon vor der Schöpfung der Welt entworfen wurde. Wer wirkliche, tiefe Zerknirschung empfindet, der wird nicht nach sublimer Kontemplation streben: er ist ganz und gar von dem Kampf gegen die Sünde und die Leidenschaften in Anspuch genommen. Wenn er sich einmal davon befreit haben wird, und sei es auch nur zu einem gewissen Teil, werden sich ganz natürlich und ungezwungen vor seinen Augen vom Licht überflutete spirituelle Horizonte auftun, von deren Existenz er bisher durchaus nichts geahnt hatte. Sein Intellekt und sein Herz werden von der göttlichen Liebe aufgerichtet werden. Dann erneuert sich unsere durch den Sündenfall zerstörte Natur, und vor uns öffnen sich die Pforten der Unsterblichkeit.

Der Weg zur wahren Kontemplation führt über die Umkehr. Solange wir von der Finsternis des Hochmuts dominiert werden, des Hochmuts, der sich Gott widersetzt, Ihm, dem Licht, in dem keine Finsternis ist, werden wir zu Seiner Ewigkeit keinen Zugang erhalten. Diese Leidenschaft ist allerdings ausserordentlich raffiniert, sodass wir – auf uns selbst angewiesen – gar nicht in der Lage sind, ihre Gegenwart in uns bis auf den Grund zu entlarven. Daher rührt unser inbrünstiges Gebet: „Seine Sünden und Verirrungen, wer sieht sie ein? Von meinen verborgenen reinige mich, und vor denen, die mir fremd sind, bewahre deinen Knecht, auf dass sie sich nicht meiner bemächtigen. Alsdann werde ich als makellos und von grosser Verderbtheit rein befunden werden. Dann werden die Worte meines Mundes dir angenehm und die Gesinnungen meines Herzens immerdar vor Dir sein Herr, mein Helfer und Erlöser!" (Ps 18,13-15).

Keiner von uns, kein Adamssohn sieht seine eigenen Sünden klar und deutlich. Erst wenn wir vom göttlichen Licht erleuchtet werden, können wir uns von diesen schrecklichen Ketten befreien. Und wenn das nicht der Fall ist, tut es uns gut, beständig unter Tränen zu rufen:

Herr Jesus Christus, Sohn Gottes, erbarme Dich über mich Sünder.

Die beharrliche Einhaltung der Gebote Christi hat zur Folge, dass dem Menschen mancherlei geistige Erscheinungen begegnen, die in der geistigen kosmischen Sphäre auftreten. Auf sich allein angewiesen, besitzt er weder die Fähigkeit, ihnen zu widerstehen, noch klar und deutlich zu unterscheiden, was davon dem Verderben und was dem Heil dient. In seiner Verzweiflung wird er deshalb den Namen des Lebendigen Gottes anrufen. Und er wird selig sein, wenn ihn ein Lichtstrahl aus dem unzugänglichen Bereich der Gottheit besucht und ihm die exakte Natur eines jeden Phänomens offenbart. Selbst wenn das Licht nicht gleich kommt, ist das kein Grund, uns von Furcht übermannen zu lassen, sondern wir wollen voller Energie beten:

Herr Jesus Christus, Sohn Des Lebendigen Gottes, erbarme Dich meiner.

Und die Kraft des Heils wird unfehlbar auf uns herabsteigen.

Zu Anfang unserer asketischen Bemühungen gelingt es uns noch nicht, die von Gott gewiesenen Wege zu begreifen. Wir versuchen, dem schmerzhaften Zusammenprall mit dem „Feuerofen der Prüfung" (vgl. 1 Petr 4,12) auszuweichen. Wir können in einem bedrückenden Zustand der Verständnislosigkeit verharren und uns fragen, warum denn Gott, die absolut Vollkommene Liebe, es gewollt hat, dass der Weg zu Ihm bisweilen so schrecklich schwer ist. Wir flehen Ihn an, uns das Geheimnis der Heilswege zu enthüllen. Nach und nach klärt sich unser Intellekt, und das Herz sammelt die notwendige Kraft, um Christus nachzufolgen und uns mittels unserer relativ ungewichtigen Schmerzen mit den Seinen zu verbinden. Es ist für uns unumgänglich, sowohl durch Schmerz als auch durch Angst hindurchzugehen, wenn wir die Tiefen des Seins ergründen und der Liebe fähig werden wollen, die uns aufgetragen wurde: außerhalb der Erfahrung des Leidens bleibt der Mensch geistlich träge, halb im Schlaf versunken und der Liebe Christi entfremdet. Wenn unser Herz einem erloschenen Vulkan gleicht, lasst es uns in diesem Wissen durch die Anrufung des Christusnamens von neuem erwärmen:

Herr Jesus Christus, Sohn des Lebendigen Gottes, erbarme Dich meiner.

Und die Flamme der göttlichen Liebe wird unser Herz erquicken.

Das Jesusgebet zu erwerben, bedeutet die Ewigkeit zu erlangen. In den allerernstesten und schwersten Augenblicken, wenn unser physischer Organismus sich in seine Bestandteile auflöst, wird das Gebet: „Jesus Christus" zum Gewand der Seele. Wenn die Hirntätigkeit aufhört und es sich bereits als unmöglich erweist, sich an ein anderes Gebet zu erinnern und es auszusprechen, wird sich die leuchtende Erkenntnis Gottes, die von dem Namen ausgeht und die von uns aufs Innigste assimiliert wurde, aus unserem Geist nicht ausgelöscht werden können. Da wir das Ende unserer Väter, die im Gebetszustand heimgegangen sind, miterleben durften, sind wir der festen Überzeugung, dass der göttliche Friede, der höher ist als alle Vernunft, auch uns einhüllen wird – und das in alle Ewigkeit.

Jesus, rette mich ... Jesus Christus, erbarme Dich, rette ... Jesus, erlöse mich ...

Jesus, mein Gott.

Der – stille und heilige – Triumph, den Gott der Liebe zu kennen, weckt in unserer Seele ein tiefes Mitgefühl für das gesamte Menschengeschlecht. Dieser ‚Totale Mensch' ist zugleich meine eigene Natur, ist mein eigener Leib, mein Leben und meine Liebe. Ich kann mich meiner ‚Natur' nicht entledigen, mich von meinem ‚Körper' nicht losreissen, der dauernd durch die Gewalttätigkeit zerrissen wird, welche die ‚Zellen', die in Wirklichkeit einen einzigen Organismus bilden, gegeneinander aufbringt. Dieser immense Körper des ‚Totalen Menschen' befindet sich ständig im Zustand einer quälenden Auflösung seiner eigenen Glieder. Das Übel scheint unheilbar. Doch auch dies ist ein Teil unserer Bestimmung hier auf Erden. In ihrem Gebet weint die Seele bis zur völligen Erschöpfung. Dennoch wird das Heil nur dann kommen, wenn die Menschen in ihrer Freiheit es auch selber wollen. „Liebet eure Feinde" – hierin liegt das Heil des geschichtlichen Lebens wie auch das Heil für die Ewigkeit. Wer die Kraft der Feindesliebe erkannt hat, der hat den für seine Feinde ans Kreuz geschlagenen Herrn Jesus erkannt. Er hat sich im Voraus seine Auferstehung und das Reich Christi des Siegers zu eigen gemacht (siehe dazu Joh 12,21-23; 11,51-52; Eph 2,14-17; Kol 3,22-23).

Allmächtiger Herr, Jesus Christus, erbarme Dich unser und Deiner Welt.

Im spirituellen Universum der Menschheit ist es allein das Christentum, welches die Erfahrung sowohl des ungeschaffenen Lichts der Gottheit als auch die der Höllenfinsternis gewährt. Solche Fülle der Erkenntnis wird nur durch Christus-Gott und durch den Heiligen Geist gegeben. In der Geschichte der von unseren Vätern praktizierten Askese gibt es Beispiele dafür, dass es ihnen bisweilen gewährt war, auf existenzielle Weise die Höllenfinsternisse zu schauen. Diese Erfahrung war so stark, dass diese Männer von außerordentlichem Mut und größter Unerschütterlichkeit Jahrzehnte danach damit zubrachten, in ihrem Gebet zu weinen. Wer indessen ist in der Lage, dies zu beschreiben? Wer dies nie erfahren hat, für den bleibt dieses Mysterium versiegelt; es wird so bleiben, bis zur Stunde des Jüngsten Gerichts (siehe Mt 25,31ff.).

Herr, Jesus Christus, rette uns.

Es ist eine große Gnadengabe, im unnahbaren Licht der Gottheit die Ewigkeit zu schauen. Diejenigen, welche eine solche Seligkeit erfahren haben, trachten nicht mehr nach vergänglichem Reichtum. Diese Gnade bleibt indessen nicht unveränderlich im Menschen, und das Licht schwächt sich in der Seele wieder ab. Der Verlust eines solchen Gottes lässt unser ganzes Sein in tiefem Schmerz versinken. Doch sind solche Erfahrungen der Verlassenheit für einen jeden von uns unentbehrlich, damit niemand versucht sei, sich auf seinen Lorbeeren auszuruhen, sondern – im Gegenteil – dem Herrn bei Seinem Aufstieg nach Golgotha, diesem, geistlich gesehen, höchsten aller Berge, weiter nachfolgt. Wie unzulänglich ein solcher Gang auch immer sein mag, so wird der Mensch dadurch doch von innen her erneuert und erhält neue Kraft, seine Ähnlichkeit mit Christus zu verwirklichen.

Jesus, unser Heiland, rette mich Sünder.

Wenn wir an einem ruhigen und einsamen Ort beten, kommt es recht oft vor, dass alle möglichen störenden Gedanken unseren Intellekt beunruhigen und seine Aufmerksamkeit vom Herzen ablenken. Das Gebet scheint unfruchtbar, weil der Intellekt an der Anrufung des Jesusnamens nicht beteiligt ist, und nur die Lippen mechanisch die Worte wiederholen. Aber sobald wir unser Gebet beenden, verschwinden die Gedanken gewöhnlich und wir kommen wieder zur Ruhe. Dieses zermürbende Phänomen lässt sich folgendermaßen erklären: Durch die Anrufung des Namens Jesu setzten wir eine ganze heimliche Welt in Aufruhr, die sich in uns verbirgt. Man kann das Gebet mit einem Lichtstrahl vergleichen, der, wenn er auf die dunklen Bereiche unseres Innenlebens fällt, dort jene Leidenschaften oder Neigungen aufdeckt, die sich in unseren geheimen Tiefen verkriechen. In solchem Fall muss man den Heiligen Namen mit verstärkter Intensivität anrufen, damit in der Seele die Bußfertigkeit wachsen kann.

Herr Jesus Christus, Sohn Gottes, erbarme Dich über mich Sünder.

Unser Geist, der nach Gottes Plan unverderblich geschaffen ist, fühlt sich nicht wohl im engen Gefängnis der sündhaften Leidenschaften. Je tiefer der Schmerz, der durch das Bewusstsein unserer durch die Sünde verursachten Entfremdung von Gott in uns hervorgerufen wird, desto intensiver wird der Aufschwung unserer Seele zu Gott hin sein, und sie wird in dem leidenschaftlichen Streben, sich mit Ihm zu vereinigen, mit großem Verlangen und unter vielen Tränen beten. Er verachtet das demütig zerknirschte Herz nicht und kommt zu uns; und das ‚tiefe' Herz des Menschen wird sich der Verwandtschaft mit Ihm bewusst, der ‚spürbar' in uns gegenwärtig ist und in uns wirkt. Das zeigt, dass sogar unser Leib auf eine ihm eigene Art fähig ist, den Atem des Lebendigen Gottes wahrzunehmen.

Jesus, Sohn des Lebendigen Gottes, erbarme Dich meiner.

Das Erbe, das die Väter uns hinterlassen haben – ihre Weisungen, sowie die Aufzeichnungen, in denen sie von den ihnen verliehenen Gaben Gottes berichten, gibt auch Hinweise über die Wege, die zur Gottesschau führen, das heißt über den Kampf, den sie in ihrem Innersten gegen „das Gesetz der Sünde" (Röm 7,23) geführt haben, jenes Gesetz, welches als tragische Konsequenz des ersten großen Sündenfalls des Menschen in jedem von uns herrscht. Wer immer in die Arena eingedrungen ist, wo sich der komplexe Kampf um die Erringung der heiligen Ewigkeit abspielt, wird unter anderem mit der Notwendigkeit konfrontiert werden, dem zersetzenden Einfluss der umgebenden Welt zu widerstehen, welche sich vom Gebet abgewandt hat. Auch in diesem Fall wird unser bester Schirm und Schutz wieder sein:

Herr Jesus Christus, erbarme Dich unser und Deiner Welt.

Für den Gläubigen ist der Name Jesu Christi vergleichbar mit einer hohen Festungsmauer. Es wird dem Feind nicht leicht fallen, mit Hinterlist durch die schweren Eisenpforten einzudringen, zumindest solange unsere Aufmerksamkeit nicht von äußeren Dingen abgelenkt wird. Mit Hilfe dieses Namens zu beten, gewährt der Seele nicht nur die Kraft, den von außen kommenden bösartigen Einflüssen zu widerstehen, sondern zudem noch die Möglichkeit, auf das Milieu, in dem wir leben, einzuwirken, indem wir von unserem Herzensgrund her unseren Brüdern in Frieden und mit Liebe begegnen. Wenn Friede und Liebe, wie sie von Gott geboten sind, sich vertiefen, dann werden sie in uns zu einer Quelle des glühenden Gebets für die ganze Welt. Der Geist Christi führt uns in die unbegrenzten Weiten der Liebe, welche die gesamte Schöpfung umfängt. In diesem Zustand betet die Seele mit großer Ergriffenheit:

Herr Jesus Christus, unser Gott und Heiland, erbarme Dich unser und Deiner Welt.

Gott übt niemals Zwang auf den Willen des Menschen aus; umgekehrt aber kann man Ihn auch nicht mit Gewalt zu irgendetwas zwingen. In unserem Gebet streben wir danach, in der Integrität unseres Seins – insbesondere mit einem mit dem Herzen vereinten Intellekt – vor Gott zu stehen. Um diese seligzupreisende Verbindung der beiden Hauptkräfte unserer Persönlichkeit zu verwirklichen, greifen wir nicht auf künstliche (psychotechnische) Verfahren zurück. Am Anfang gewöhnen wir unseren Intellekt daran, konzentriert im Gebet zu verharren, so wie die Väter es uns lehren: das heißt den Namen Jesu Christi und die anderen Gebetsworte mit großer Aufmerksamkeit auszusprechen. Den göttlichen Namen gesammelt anzurufen, verbunden mit dem täglichen Bemühen, den Geboten des Evangeliums gemäß zu leben, hat die Verschmelzung von Intellekt und Herz zu einer gemeinsamen Aktivität zur Folge.

Bei unseren asketischen Bemühungen dürfen wir keine Hast aufkommen lassen. Die Vorstellung, in kürzester Zeit ein Maximum zu erreichen, ist unbedingt zu vermeiden. Jahrhundertelange Erfahrung hat gezeigt, dass eine auf psychotechnischem Weg zustande gekommene Vereinigung von Herz und Intellekt niemals von Dauer ist. Was aber noch viel schwerwiegender ist: sie vereinigt unseren Geist nicht mit dem Geist des Lebendigen Gottes. Wir sind ja, in seinem wesentlichsten Sinn, mit dem Problem des ewigen Heils konfrontiert. Dafür muss unsere Natur total erneuert werden: sie muss von einer fleischlichen zu einer spirituellen Existenz umgewandelt werden. Und wenn der Herr uns für fähig hält, Seine Gnade zu empfangen, zögert Er nicht mit Seinem Kommen als Antwort auf unser demütiges Flehen. Bisweilen sind wir von Seinem Kommen in einem solchen Maße erfüllt, dass Herz und Intellekt von Ihm allein völlig in Anspruch genommen sind. Diese sichtbare Welt überlässt einer anderen Wirklichkeit höherer Ordnung das Feld. Unser Verstand hört auf, in diskursiven Mustern zu denken – er wird ganz und gar Aufmerksamkeit. Das Herz erlebt einen schwer zu beschreibenden Zustand: es ist von Furcht durchdrungen, wobei es sich jedoch um eine lebensspendende Ehrfurcht handelt. Gleichzeitig hält man den Atem an. Gott erfüllt alles, und der ganze Mensch – Geist und Verstand, Herz und Empfindungen und sogar der Körper – lebt nur noch durch Gott.

Herr Jesus Christus, unser Gott, hab Erbarmen mit uns und Deiner Welt.

Ich habe es gewagt, über Dinge zu sprechen, die ein Mönch aus Sorge, dass „Jesus sich von der Menge zurückziehe" (siehe Joh 5,13) gewöhnlich für sich behält. Jene Erfahrung wurde mir gewährt, als ich noch im Kloster weilte, und später in noch größerem Maße, als ich es verließ und in der ‚Wüste' lebte. Dort in der Einsamkeit erfuhr ich die Gegenwart des Lebendigen Gottes in einem Grade, dass ich darüber die Welt vergaß. Es ist unmöglich, die Erfahrung von Gottesheimsuchungen in angemessener Weise zu beschreiben. Sie haben nicht immer dieselbe Form, sondern jedes Mal ereignet sich sozusagen etwas Neues und die Folgen sind verschieden.

Ich erinnere mich, wie die Anrufung des Namens Jesu Christi mit Seiner (äußerlich unsichtbaren) Erscheinung zusammentraf. Von diesem Moment an empfand ich Seinen wunderbaren Namen, wie auch alle übrigen Gottesnamen, viel stärker als vorher, wie Kanäle, die uns mit Ihm verbinden. Zu dieser Zeit war ich bereits Priester. Auch die Feier der Göttlichen Liturgie nahm einen anderen Charakter für mich an. Sie war nicht mehr nur ein Akt ehrfurchtsvollen und zweifelsfreien Glaubens, sondern ließ mich mit meinem ganzen Wesen die Tatsache der Gegenwart Gottes erleben, der Selbst das Mysterium vollzog. Jetzt begriff ich aufs innigste den Sinn und die Wirklichkeit, die in den Worten Basilios des Großen enthalten sind: „In Deiner Gnade hast Du uns der Offenbarung himmlischer Geheimnisse gewürdigt" (siehe ‚Gebet der Darbringung'). Ja, Seinen Dienern enthüllt der Herr das Mysterium der liturgischen Handlung.

In der Folge hatte ich manche geistigen Einblicke in die Wirkkraft des liturgischen Gottesdienstes, doch weiss ich nicht, ob ich die rechten Worte finden werde, um zum Ausdruck zu bringen, was ich erlebt habe. Als göttlicher Akt wird die Liturgie von unserem ganzen Wesen aufgenommen; man fragt sich nicht: „Wie ist so etwas möglich?" In den Augen des Priesters ist es eine ebenso klare Tatsache, wie diejenige unserer Existenz. „Nehmet und esset, das ist mein Leib ... Trinket, das ist mein Blut." Vordem empfing ich die Kommunion nicht ohne Glauben, nicht ohne Liebe; aber in einem minder lebendigen Bewusstsein dessen, was hier vor sich ging. Durch die Anrufung des Namens Jesu Christi wurde mir die Erfahrung der seligen, aber gleichzeitig auch furchterregenden Gegenwart des Lebendigen Gottes gewährt. Allerdings bedeutet das nicht, dass diese Folge in der Regel für alle eintritt.

Schon bei den ersten Worten der Göttlichen Liturgie: „Gesegnet das Reich des Vaters und des Sohnes und des Heiligen Geistes" kommt die barmherzige Antwort von Gott. Nicht immer jedoch mit gleicher Intensität: der Kanon der Liturgie erfordert eine besonders verantwortungsvolle Aufmerksamkeit; der Höhepunkt ist die Epiklese. Der Priester und alle, die sich mit ihm in der Kirche befinden, wenden sich an Gott, den Vater, und bitten Ihn, den Heiligen Geist herabzusenden. Und Er kommt, und Er verwirklicht, worum gebeten wurde.

Durch die liturgische Handlung habe ich gelernt, das Leben des Menschen Christus innerlich zu betrachten. Bevor er zu seinen Jüngern sprach: „Nehmet, das ist mein Leib", richtete Er im Stillen Sein Gebet zum Vater empor. Er äußerte diese ergreifenden Worte nicht als Allmächtiger Weltenherrscher, sondern als Menschensohn, und lehrte uns damit, keiner auch noch so geringen inneren Regung Raum zu gewähren, die den Charakter einer ‚Selbstvergöttlichung' in sich trägt. Aus dieser Einsicht habe ich die Grundregel meines Lebens in Christus gemacht: Als Geschöpf richte ich mein Gebet an den Vater; ich erwarte das Heil nur als Gabe der Liebe von oben; ich suche die Adoption als Sohn auf keinem anderen Weg als durch Christus allein, die Erleuchtung und Heiligung nur durch den Heiligen Geist. Diese Drei, der Vater, der Sohn und der Heilige Geist, sind in meinem tiefsten Bewusstsein Ein einziges Leben, Ein einziges Reich, Ein einziges Licht, Eine einzige Liebe. Und in jedem von ihnen ist die absolute Fülle der Gottheit. Sie unterscheiden Sich in mir ohne Trennung. Sie vereinigen Sich in mir ohne Vermischung. Genau das ist der ewige Fakt des göttlichen Wesens, dessen Siegel zu empfangen ich dürste, trotz des Bewusstseins meiner eigenen totalen Unwürdigkeit. Ich versuche nicht, die Heilige Trinität mittels logischer Argumente zu erklären. Voll Ehrfurcht lebe ich dieses erhabene Mysterium, dessen Offenbarung Antwort auf alle meine Fragen gebracht hat.

Unsere Geburt und danach unser Wachstum auf der Erde sind nichts anderes, als der schöpferische Prozess, in dessen Verlauf wir uns das Sein in dem Maße zu eigen machen, wie es uns zugänglich ist, jedoch mit der Zuversicht, dass die hier unten unvollkommen gebliebene Erkenntnis eines Tages jenseits der Beschränkungen der Gestalt unserer weltlichen Existenz ihre Erfüllung und Vervollkommnung finden wird. Wenn in unserer spirituellen Schau alle unsere Erfahrungen im Zentrum unserer Person wie zu einem einzigen Punkt zusammenlaufen, wenn die Höllenfinsternis und das Ungeschaffene Licht sich in unserem Geist als uns bekannte Wirklichkeiten vereinen, dann beginnen wir den Sinn des Namens „Jesus", das heißt „Erlöser", zu verstehen. Er, das Anfangslose Licht, „Er hat Sich Selbst erniedrigt und Knechtsgestalt angenommen", Er ist bis in die Hölle hinabgestiegen, um ihr Adam zu entreissen. Deshalb rufen wir Ihn in unserem Gebet an:

Jesus, Sohn Des Lebendigen Gottes, erbarme Dich unser und Deiner Welt.

Der den Menschen geoffenbarte göttliche Name diente als Verbindung zwischen Gott und uns. Durch den Namen Gottes, oder genauer durch die göttlichen Namen, werden in der Kirche alle Mysterien vollzogen. Jede Handlung ist „im Namen Gottes" zu vollziehen. Durch die Anrufung des Namens des Allerhöchsten wird Seine Gegenwart lebendig und ständig wahrnehmbar. Wenn unser Werk dem Willen des Herrn gemäß geschieht, dann ist unser Herz von Frieden erfüllt. Jedesmal aber, wenn wir von der Wahrheit abweichen, empfindet es eine gewisse „Verstörung". So üben wir also durch das Gebet innerlich eine wachsame Kontrolle über jede unserer Geistesregungen aus. Kein Gedanke, kein Wort entgeht ihr. Diese Folge des unablässigen Gebets ermöglicht es, unsere Sünden auf ein Minimum zu beschränken.

Herr Jesus Christus, Sohn und Wort des Lebendigen Gottes, hab Erbarmen mit uns.

„Gewähre, Herr, uns an diesem Tage ohne Sünde zu bewahren." So beten wir in der Frühe. Doch nur die subtile Gegenwart des göttlichen Geistes verleiht unserem Geist die Fähigkeit, im Zustand innerer Wachsamkeit zu bleiben. „Niemand kann sagen: ‚Jesus ist Herr', außer durch den Heiligen Geist" (1 Kor 12,3). Erneut wird uns klar, dass wir uns durch die geistige Anrufung des Namens des Herrn vor der Sünde in Wort und Tat bewahren: „Du, Herr Jesus, bist das Licht, das gekommen ist, um die Welt zu retten. Erleuchte die geistigen Augen meines Herzens, auf dass ich würdig sei, ohne Fehltritte wie im hellen Tageslicht vor deinem Angesicht zu wandeln" (siehe Joh 11,9-10).

Damit die Übung des Gebets zu jenen Resultaten führt, von denen unsere Väter und Meister mit solchem Enthusiasmus sprechen, ist es unumgänglich, ihren Lehren zu folgen. Die erste Bedingung ist, an Christus als Erlöser-Gott zu glauben; die zweite, sich als Sünder zu erkennen, der im Begriff ist, verloren zu gehen. Dieses Bewusstsein kann zu einer so tiefen Erfahrung werden, dass der betreffende Beter sich für schlechter hält, als alle anderen auf der Welt. Er empfindet dies als offenbare Tatsache, nicht aufgrund seiner äußeren Handlungsweise, sondern indem er seine eigene Entfernung von Gott feststellt und sich selbst als potentiellen Träger des Bösen in allen seinen Erscheinungsformen ansieht.

Je mehr wir uns in schmerzhafter Bußbereitschaft demütigen, desto rascher wird unser Gebet zu Gott gelangen. Wenn wir aber die Demut verlieren, hilft uns auch keine Askese mehr. Die Anwesenheit von Stolz und Verurteilung der Brüder in uns, Verachtung und Hass dem Nächsten gegenüber, stoßen uns weit fort vom Herrn.

Wir nähern uns Gott wie die schlimmsten Sünder. Wir verurteilen uns selbst aufrichtig in allen Dingen. Wir bilden uns nichts ein und verlangen nichts, ausser Vergebung und Barmherzigkeit. Dies ist unser ständiger innerer Zustand. Wir flehen Gott Selbst an, uns zu helfen, den Heiligen Geist nicht durch unsere erbärmlichen Leidenschaften zu betrüben, unserem Bruder und überhaupt jedem Menschen keinen Schaden zuzufügen. Wir verdammen uns selber als Gottes unwürdig zur Hölle und ihrer Pein. Wir erwarten keine besonderen Gaben von oben, sondern sind mit allen unseren Kräften darauf bedacht, den wahren Sinn der Gebote Christi zu verstehen und in Übereinstimmung mit ihnen zu leben. Wir bitten und flehen:

Herr, Jesus Christus, Sohn Gottes, erbarme Dich unser und Deiner Welt.

Und Gott hört uns, das Heil naht sich uns. „Wer den Namen des Herrn anruft [in einem Geisteszustand, der dem Seinen entspricht], der wird gerettet werden" (Joel 3,32).

„Tut Buße!" (Mt 4,17). Wir müssen diesen Aufruf Christi sehr ernst nehmen, unsere innere Lebensführung, unsere äußere Weltanschauung, unsere Verhaltensweise den Mitmenschen gegenüber, wie auch in Bezug auf jede Erscheinung im Bereich des gesellschaftlichen Seins radikal verändern: unsere Feinde nicht töten, sondern sie durch Liebe besiegen. Wir haben uns ständig daran zu erinnern, dass das absolute Böse nicht existiert; absolut ist allein das ursprunglose Gute. Und dieses Gute hat uns geboten: „Liebet eure Feinde ..., tut Gutes denen, die euch hassen ..., seid vollkommen, wie euer Himmlischer Vater vollkommen ist" (Mt 5,44 und 48). Sich als Opfer für seine Brüder darbringen zu lassen, das ist das beste Mittel, um sie der Sklaverei des Lügners – des Teufels – zu entreißen und ihre Seelen für die Aufnahme Gottes bereit zu machen, der alle Menschen retten will. Es gibt keinen Menschen, in dem nicht in kleinerem oder größerem Maße das Licht gegenwärtig ist, da Gott „einen jeden Menschen erleuchtet, der in die Welt kommt" (Joh 1,9). Das Gebot, „dem Bösen nicht zu widerstehen" (siehe Mt 5,39), ist die wirksamste Waffe gegen jegliche Bosheit. Benutzt man dieselben Waffen gegen die Gewalttätigkeit wie jene, die eine solche Ungerechtigkeit ausüben, dann wird dadurch die Dynamik des Bösen in der Welt nur noch vermehrt. Die Ermordung von Unschuldigen verlagert auf unmerkliche Weise das moralische Gleichgewicht der Menschheit – zugunsten des Guten, um dessetwillen der Unschuldige gestorben ist. Das ist nicht der Fall, wenn auf beiden Seiten die gleiche negative Tendenz zum Dominieren herrscht. Ein durch physische Gewalt errungener Sieg dauert nicht ewig. Als heiliges und reines Licht wendet Gott sich von den Verbrechern ab; diese trennen sich selber von der alleinigen Quelle des Lebens und sterben. „Rächt euch nicht selbst, Geliebte, sondern gebt Raum dem Zorn Gottes. Denn es steht geschrieben (5 Mose 32,35): ‚Die Rache ist mein; ich will vergelten, spricht der Herr.' (...) Lass dich nicht vom Bösen überwinden, sondern überwinde das Böse mit Gutem" (Röm 12,19.21).

Häufig kämpfen Menschen als Verfechter einer nur relativen Wahrheit mit großem Fanatismus, um den Triumph ihrer Ideen zu sichern. Dadurch zerstören sie die Integrität des Seins und ruinieren schließlich alles bis auf den Grund. In ihrer Verblendung verabsolutieren sie den positiven Aspekt ihrer politischen Doktrinen und sind bereit, alle diejenigen aus dem Wege zu räumen, welche das Leben der Welt auf besseren, humaneren Prinzipien begründet wissen möchten, vor allem auf den Geboten Christi, der aufgrund Seines Zeugnisses für die Liebe ans Kreuz genagelt wurde. In unserer Gegenwart erweisen sich die evangelischen

Worte Christi als von ganz besonderer Aktualität: „Ihr werdet hören von Kriegen und Kriegsgeschrei; sehet zu, und erschreckt nicht. Denn das muss so geschehen. (...) Und ihr [die Christen] werdet gehasst werden um meines Namens willen von allen Völkern. (...) Weil die Ungerechtigkeit überhand nehmen wird, wird die Liebe in vielen erkalten. (...)... und dann wird das Ende kommen" (Mt 24,6-14).

Herr, Jesus Christus, Sohn, Gottes erbarme Dich unser und Deiner Welt.

Die ganze Welt versinkt in endlosen Konflikten, in Konflikten zwischen Staaten verschiedener politischer und ökonomischer Struktur, zwischen unterschiedlichen Rassen und sozialen Gesellschaftsschichten, zwischen einander fremden Glaubensbekenntnissen und Weltanschauungen und so weiter. Mit den modernen Massen-Vernichtungswaffen, ja, der Möglichkeit einer totalen Auslöschung des Lebens auf Erden überhaupt, lebt man überall in einer Atmosphäre der „Furcht und Erwartung jener Dinge, die über die ganze Erde kommen sollen" (Lk 21,26). Und siehe, wir stehen vor einem verflochtenen Gewebe schwer zu lösender Paradoxa: Einerseits können wir nicht einfach in aller Ruhe zuschauen, da wir selber der großen Menschenfamilie angehören, deren Geschick wir auf mancherlei Art und Weise mittragen. Andererseits vernehmen wir die Worte Christi: „Wenn aber alle diese Dinge anfangen zu geschehen, dann schaut auf und erhebet eure Häupter, weil sich eure Erlösung naht" (Lk 21,28). Es ist hier nicht der Ort, im Einzelnen die bereits eingetretenen Bedingungen der apokalyptischen Erwartung aufzuzählen. Aber wir werden das Gebet, die mächtige Waffe, welche uns der Herr gegeben hat, nicht aufgeben:

Herr Jesus Christus, Sohn Des Lebendigen Gottes, erbarme Dich unser und Deiner Welt.

Und auch die Eucharistische Opferfeier nicht, zumindest solange sie uns praktisch möglich sein wird.

„Da machte Gott der Herr den Menschen aus Erde vom Acker und blies ihm den Odem des Lebens in seine Nase. Und so ward der Mensch ein lebendiges Wesen" (1 Mos 2,7). Wir werden zu Ihm hingezogen, dürsten danach, auf ewig mit Ihm vereint zu sein, und Er Selbst wartet mit Seiner Liebe auf uns. Das Verlangen nach Gott ist ein Begleitton unseres Erdendaseins; wir bereiten uns sogar darauf vor, mit ihm zu sterben. Christus persönlich schrie vor Seinem Hinscheiden am Kreuz auf: „Mich dürstet." Und Er hatte Hunger (Mt 21,18) und Durst und litt Angst (siehe Lk 12,50), damit wir den Vater erkennten. Auch wir schmachten hier auf Erden, niedergeschlagen von diesem endlosen Schauspiel alptraumhafter Greuel, von Mord und Hass. Wir dürsten danach, zum Vater zu kommen, und wir rufen den Namen Seines Eingeborenen Sohnes an:

Herr Jesus Christus, Sohn Gottes, erbarme Dich unser.

„Da öffnete Er ihnen das Verständnis, sodass sie die Schrift verstanden, und sprach zu ihnen: ‚So steht's geschrieben, dass Christus leiden wird und auferstehen von den Toten am dritten Tage, und dass gepredigt wird in seinem Namen Buße zur Vergebung der Sünden unter allen Völkern'" (Lk 24,45-47). Wenn Sein Name uns die Freude vermittelt, das Mysterium der Liebe Gottes zu uns zu erkennen, dann werden wir gewiss auch den Namen an und für sich lieben. Er umschließt „den geheimen Ratschluss (...), der von Ewigkeit her verborgen war in ihm, der alles geschaffen hat" (siehe Eph 3,9). „In Ihm hat er uns erwählt, ehe der Welt Grund gelegt war, dass wir heilig und untadelig vor ihm sein sollten; in seiner Liebe hat er uns dazu vorherbestimmt, [durch Adoption] seine Kinder zu sein durch Jesus Christus" (Eph 1,4-5).

Herr, Jesus Christus, Eingeborner Sohn des Vaters, erbarme Dich unser.

Wenn das Gebet während zahlreicher Jahre praktiziert wird, verwandelt es unsere durch die Sünde verderbte Natur in einem solchen Maße, dass sie fähig wird, durch die Wahrheit, die sich uns offenbart, die Heiligung zu empfangen, noch bevor wir diese Welt verlassen (siehe Joh 17,17; 5,24).

Herr, Jesus, erbarme Dich unser.

Die unermessliche Größe der vor uns liegenden Aufgabe flößt uns Furcht ein. Es ist uns gesagt: „Das Himmelreich leidet Gewalt, und die Gewalt anwenden, sie erringen es" (Mt 11,12). Ausdauernde asketische Anstrengung zeigt uns, dass in der christlichen Offenbarung alles einer anderen, höheren Ebene angehört. Das blendende Licht der Gottheit wird in unserer Welt in Form von Geboten reflektiert: „Liebet eure Feinde ..., seid vollkommen, wie euer Himmlischer Vater vollkommen ist" (Mt 5,44.48). Allein die Einwohnung Dessen in uns, der uns diese Gebote gegeben hat, hilft uns auch zu erfüllen, was uns geboten wurde. Deshalb unser Ruf:

Herr, Jesus Christus, Sohn des Lebendigen Gottes, erbarme Dich unser.

Die Anrufung des Namens des Herrns vereinigt uns nach und nach mit Ihm. Dies verwirklicht sich teilweise sogar schon, wenn der Betende noch gar nicht weiß, „Wer jener ist", an den er sich wendet (Mt 21,10), und die Kraft der Heiligung, die von dem Namen ausgeht, noch gar nicht klar erkennt. Jeglicher weitere Fortschritt indessen ist eng mit der ständig deutlicher werdenden Einsicht in unseren sündhaften Zustand verbunden, der bis zur Verzweiflung reichen kann. Doch gerade dann rufen wir mit vermehrter Anstrengung den wunderbaren Namen an:

Jesus, mein Retter, erbarme Dich meiner.

Die heilige Tradition – jenes kostbare Erbteil, das wir durch die Übermittlung der Apostel und der Kirchenväter vom Herrn persönlich empfangen haben – lehrt uns, wenn wir denn wirklich danach trachten, in der Wahrheit zu sein, in der Armut des Geistes zu verbleiben und uns bewusst zu sein, dass der Sündentod in uns gegenwärtig ist: „Wenn wir sagen, wir haben keine Sünde, so betrügen wir uns selbst, und die Wahrheit ist nicht in uns. Wenn wir aber unsere Sünde bekennen, so ist Er treu und gerecht, dass er uns die Sünden vergibt, und reinigt uns von aller Ungerechtigkeit. Wenn wir sagen, wir haben nicht gesündigt, so machen wir Ihn zum Lügner, und Sein Wort ist nicht in uns" (Joh 1,8-10).

Herr, Jesus Christus, unser Gott, erbarme Dich über mich Sünder.

In welchen Ängsten leben die Menschen, die wissen, dass sie eine unheilbare Krankheit haben – wie zum Beispiel Krebs. Mit dem gleichen Entsetzen, wenn nicht sogar mit einem noch größeren, empfinden gewisse Menschen die Gegenwart der sündhaften Leidenschaften in sich, die sie von Gott trennen. Sie erkennen sich wahrhaftig als „schlechter als alle anderen"; sie sehen sich buchstäblich von der Höllenfinsternis umgeben. Dann aber konzentriert sich in ihnen eine außerordentlich gewaltige Gebets- und Bußenergie. Diese kann einen solchen Grad an Intensität erreichen, dass sie ihren Verstand lähmt und keine anderen Worte hervorbringen lässt als: Jesus, rette mich, der ich ein Sünder bin.

Es erweist sich als heilsam, wenn sich in uns eine Abneigung gegen die Sünde entwickelt und diese sich in einen Hass gegen unser Ego verwandelt. Andernfalls riskieren wir, bequem zu werden und uns an die Sünde zu gewöhnen. Diese besitzt viele Erscheinungsformen und ist gleichzeitig so raffiniert, dass wir in den meisten Fällen ihre Gegenwart in allem, was wir tun, gar nicht wahrnehmen – selbst in jenen Handlungen, die scheinbar gut sind. Welch schwierige und doch welch wunderbare Askese, unseren souveränen Intellekt mit Hilfe der Anrufung des Namens Jesu Christi in das verborgene Zentrum unserer Person hinabzusenken. Ohne Glauben an Ihn kann niemand das tödliche Gift der Sünde durchschauen, das in uns wirkt. Dank dieses Kampfes gegen die Sünde, die in uns lebt, entdecken wir nicht nur die Tiefen unseres eigenen Wesens, sondern auch die geheimnisvollen Abgründe der kosmischen Existenz. Dann wird sich unser Geist ganz von selbst von allem Unwichtigen und Oberflächlichen des Alltags abwenden und, entsetzt über sich selbst, die heilige Kraft eines anderen Gebets auf einer anderen Ebene erkennen, indem er ruft:

Herr Jesus, mein Heiland und Erlöser, erbarme Dich, erbarme Dich über mich, den Verfluchten.

Man kann vom Gebet im Namen Jesu Christi in Worten der Heiligen Schrift selbst wie auch in Begriffen aus den Werken der heiligen Väter sprechen. Genauer gesagt: Es ist ein Feuer, das die Leidenschaften verzehrt (siehe Hebr 12,29); es ist ein Licht, das unseren Intellekt erleuchtet und ihn scharfsichtig und fähig macht, das zu unterscheiden, was sich in der Ferne abspielt und ebenso das, was in unserem Innern vor sich geht. Man kann mit vollem Recht die Stelle aus dem Brief an die Hebräer darauf anwenden, in der es heißt: „[Es] ist lebendig und kräftig und schärfer als jedes zweischneidige Schwert, und dringt durch, bis es scheidet Seele und Geist, auch Mark und Bein, und ist ein Richter der Gedanken und Sinne des Herzens. Und kein Geschöpf ist vor ihm verborgen, sondern es ist alles bloß und aufgedeckt vor den Augen Gottes, dem wir Rechenschaft geben müssen" (siehe Hebr 4,12-13).

Die Ausübung dieses Gebets lässt uns zahlreichen Kräften begegnen, die im Kosmos verborgen sind; es ruft einen grimmigen Kampf von Seiten dieser „kosmischen Mächte" gegen uns hervor, oder besser gesagt, der „Herren der Welt, die in dieser Finsternis herrschen, den bösen Geistern unter dem Himmel" (Eph 6,12). Indessen wird durch eine Bußgesinnung, die „bis zum Selbsthass" (siehe Lk 14,26) geht, der Sieg über sie erlangt. Um welche Art von Kampf es sich handelt, wird in der Offenbarung des heiligen Apostels Johannes beschrieben: „Sie haben ihn [den Teufel oder Satan, den Verführer der gesamten Welt] überwunden durch das Blut des Lammes und durch das Wort ihres Zeugnisses, und haben ihr Leben nicht geliebt, bis hin zum Tod" (Offb 12,11 und 9).

Wenn das Gebet von leidenschaftlicher Reue begleitet ist, erhebt es den Geist des Menschen bis in jene Sphären, die jenseits „der Weisheit der Weisen ... dieses Zeitalters" liegen (1 Kor 1,19-20). Es ist furchterregend, darüber zu sprechen: indem es uns zunächst durch die Abgründe der in uns verborgenen Finsternis hindurchgehen lässt, vereint es in der Folge unseren Geist mit dem göttlichen Geist und schenkt uns schon hier auf Erden, die heilige Ewigkeit zu leben. Zu allen Zeiten standen die Väter sprachlos vor der Erhabenheit dieser der gefallenen Welt gewährten Gabe.

Herr, Jesus Christus, einzig Heiliger,
einziger wahrer Erlöser aller,
hab Erbarmen mit uns und mit Deiner Welt.

Die Großartigkeit der geschaffenen Welt begeistert uns, doch gleichzeitig wird unser Geist mit noch größerer Kraft von der unvergänglichen Schönheit des göttlichen und ursprunglosen Seins angezogen. Mit ergreifender Klarheit hat der Herr Jesus uns das überirdische Licht Seines Reiches vor Augen gestellt. Die Schau dieses Glanzes befreit uns von den Folgen des Sündenfalls, und die Gnade des Heiligen Geistes stellt in uns das durch Christus in unserem Fleisch geoffenbarte ursprüngliche Bild und die Ähnlichkeit mit Gott wieder her; und nun wird die Anrufung Seines Namens zu unserem unaufhörlichen Gebet:

Herr, Jesus Christus, unser Retter, erbarme Dich unser und Deiner Welt.

Das äußerste Ergebnis dieses Gebets ist die vollständige Vereinigung mit Christus. Nichtsdestoweniger wird die menschliche Hypostase nicht vernichtet und löst sich nicht wie ein Wassertropfen im Ozean im göttlichen Sein auf. Die menschliche Person ist in Ewigkeit unzerstörbar. „ICH BIN", „Ich bin ... Die Wahrheit und Das Leben", „Ich bin das Licht der Welt" (Joh 8,58; 14,6; 9,5). Das Sein, Die Wahrheit, Das Licht sind keine abstrakten Begriffe oder unpersönliche Einheiten. Sie sind nicht ‚Was', sondern ‚Wer'. Dort, wo es keine persönliche Existenzweise gibt, da existiert auch kein Lebender, so wie es dort auch weder gut noch böse, weder Licht noch Finsternis geben könnte. Dort kann – allgemeiner ausgedrückt – überhaupt nichts bestehen: „Ohne Ihn ist nichts gemacht, was gemacht ist. In Ihm war das Leben" (Joh 1,3-4).

Herr, Jesus Christus, Sohn des Lebendigen Gottes, erbarme Dich unser und Deiner Welt.

Wenn sich mit der Anrufung des Namens Jesu das Kommen des ungeschaffenen Lichts vereinigt, offenbart sich uns der Sinn dieses Namens in besonderer Klarheit; dann wird es möglich zu erfahren, dass „das Reich Gottes mit Macht gekommen" ist (Mk 9,1), und der Geist des Betenden vernimmt die Stimme des Vaters: „Dies ist mein geliebter Sohn, den sollt ihr hören" (siehe Mk 9,1-7). Und wir beten:

Herr, Jesus Christus, Einziger Sohn des Vaters, erbarme Dich unser und erlöse uns.

Christus hat uns den Vater in Sich geoffenbart: „Wer Mich gesehen hat, der hat den Vater gesehen." Von nun an kennen wir den Vater in dem Maße, als wir den Sohn erkannt haben: „Ich und der Vater sind eins" (siehe Joh 14,9; 10,30). Also offenbart der Sohn den Vater, und der Vater gibt Zeugnis von dem Sohn. Wir aber beten:

Einziger Sohn Gottes, erbarme Dich unser und Deiner Welt, und rette uns.

„Alles ist mir von meinem Vater übergeben, und niemand kennt den Sohn als nur der Vater, und niemand kennt den Vater, als nur der Sohn und wem es der Sohn offenbaren will" (Mt 11,27). Aber wir kennen den Sohn in dem Maße, als wir im Geist Seiner Gebote bleiben. Ohne Ihn besitzen wir nicht die Kraft, uns in jene Höhe zu erheben, die zu erreichen uns geboten ist, denn in den Geboten offenbart sich uns das Leben Gottes Selbst. Daher der Ruf, den wir zu Ihm aufsteigen lassen:

Herr, Jesus Christus, Sohn, der Du gleichewig bist mit dem Vater, erbarme Dich meiner; komm und bleibe in mir mit dem Vater und dem Heiligen Geist, Deiner Verheißung gemäß (siehe Joh 14,23).

Herr Jesus, erbarme Dich über mich Sünder.

Der Name „Vater" war bereits im Alten Testament bekannt, doch wurde er in der Finsternis der Unwissenheit angerufen. Christus ist es, der uns auf außerordentlich konkrete Weise in Sich den Vater zu erkennen gegeben hat. Er ist es, der uns die wahren Dimensionen all dessen geoffenbart hat, was vor Ihm durch Moses und die Propheten gegeben war. „Ich bin im Vater und der Vater ist in mir" (Joh 14,11); „Ich und der Vater sind eins" (Joh 10,30). „Ich habe ihnen deinen Namen zu erkennen gegeben, und ich werde ihn ihnen zu erkennen geben [das heißt bis hin zur Fülle], auf dass die Liebe, mit der du mich geliebt hast, in ihnen sei und ich in ihnen" (Joh 17,26). Die Erkenntnis des Namens „Vater" ist zugleich die Erkenntnis seiner Vaterliebe für uns. Wenn wir den Namen Jesu anrufen, dann werden wir in den göttlichen Lebensbereich eingeführt und sowohl der Vater, als auch der Sohn und der Heilige Geist sind uns in diesem Namen gegeben:

Herr, Jesus Christus, Sohn Gottes, erbarme Dich unser und Deiner Welt.

Den Namen Jesu wenn möglich in vollem Bewusstsein dessen anzurufen, was er enthält, bedeutet, dass man bereits tatsächlich mit dem Dreieinigen Gott vereint ist. Dieser Gott hat Sich uns in Seiner neuen Beziehung zum Menschen geoffenbart, nicht mehr als Schöpfer, sondern als Erlöser der Welt, als das Licht der Wahrheit und der wahren Ewigkeit:

Herr, Jesus Christus, Sohn des Ewigen Vaters, erbarme Dich unser.

Die Theologie des Namens und der Ikone haben einige Aspekte gemeinsam. Wenn wir eine Ikone Christi betrachten, treten wir im Geist in persönlichen Kontakt mit Ihm. Wir bekennen Seine Erscheinung im Fleisch: Er ist Gott und Mensch, vollkommen Mensch und vollkommenes Ebenbild Gottes. Wir gehen über die Komposition von Farben und Linien hinaus und dringen in die Welt des Intellekts, des Geistes ein. Ebenso geht es uns bei der Anrufung des Namens: Wir halten uns nicht im Bereich der geäußerten Töne auf, sondern leben den Sinn. Die Laute können je nach der Sprache, in der gebetet wird, variieren, doch der Inhalt – die im Namen enthaltene Erkenntnis – bleibt unabänderlich der gleiche.

Herr, Jesus Christus, rette uns.

Die nur vokale Anrufung des göttlichen Namens reicht nicht aus: „Es werden nicht alle, die zu mir sagen ‚Herr, Herr' in das Himmelreich kommen, sondern die den Willen tun meines Vaters im Himmel. Es werden viele zu mir sagen an jenem Tage: ‚Herr, Herr, haben wir nicht in deinem Namen geweissagt? Haben wir nicht in deinem Namen böse Geister ausgetrieben? Haben wir nicht in deinem Namen viele Wunder getan?' Dann werde ich ihnen bekennen: ‚Ich habe euch noch nie gekannt; weicht von mir, ihr Übeltäter!'" (Mt 7,21-23). Es fällt uns nicht leicht, diese Worte zu hören: das Gericht Gottes ist schrecklich!

Herr Jesus, erbarme Dich meiner und rette mich Sünder.

Im Bewusstsein der uns verheißenen Adoption an Sohnes statt durch Christus lobpreisen wir Ihn, der uns geschaffen hat. Wenn wir Seinen

Namen anrufen, werden wir ihn mit der Kraft und Erhabenheit, die ihm eigen sind, in uns widerhallen lassen; möge er die Wurzeln der in uns wohnenden Sünde zerstören können; möge er die Flamme Seiner Liebe in unseren steinernen Herzen entzünden; möge er uns Licht und Verstand gewähren; möge er uns an Seiner Herrlichkeit teilhaben lassen; möge durch diesen Namen Sein Friede in uns bleiben, der höher ist als alle unsere Vernunft (siehe Joh 14,27; Phil 4,2). Wenn wir erst einmal viele Jahre in diesem Namen gebetet haben werden, dann möge Gott uns die Fülle der in ihm enthaltenen Offenbarung zu erkennen geben: Er, der wundersame Ratgeber, Gott der Stärke, Ewiger Vater, Friedensfürst, Herr Zebaoth (Jes 9,5; 8,18; siehe Apg 4,12).

Herr, Jesus Christus, Sohn des Lebendigen Gottes, erbarme Dich unser und Deiner Welt.

Wir müssen den göttlichen Namen in Demut anrufen. Christus, der Herr und Meister der Welt, hat Sich inkarniert, und als Mensch hat Er Sich bis hin zum Tode am Kreuz erniedrigt. Deshalb ist auch Sein Name über alle anderen Namen hinaus erhöht worden, die sich nicht nur in dieser Welt, sondern auch in der zukünftigen nennen lassen. Der Vater hat Ihn in den Himmeln zu Seiner Rechten sitzen lassen und hat Ihn zum Haupt der Kirche bestimmt, die Sein Leib ist, die Fülle Dessen der alles in allem erfüllt (siehe Eph 1,20-23).

Herr, Jesus Christus, unser Gott, erbarme Dich unser, Deiner Kirche und Deiner Welt, durch die Fürbitte der Gottesmutter, der heiligen Apostel und aller Heiligen, seit Anbeginn der Welt.

Der Weg unserer Väter erfordert einen festen Glauben und große Geduld. Unsere Zeitgenossen hingegen versuchen mit Gewalt und auf der Stelle alle Geistesgaben zu erlangen, einschließlich der unmittelbaren Kontemplation des absoluten Gottes. Man entdeckt bei ihnen häufig den Versuch, Parallelen zwischen dem Gebet im Namen Jesu und Yoga, der ‚Transzendentalen Meditation' und anderen ähnlichen Methoden herzustellen. Ich möchte hier die Gefahr einer solchen Vermischung aufzeigen: Es ist gefährlich, das Gebet für eine der einfachsten und leichtesten ‚Techniken' zu halten, die zur unmittelbaren Vereinigung mit Gott führen. Unbedingt muss hier mit allem Nachdruck der radikale Unterschied hervorgehoben werden, der zwischen dem Jesusgebet und allen übrigen asketischen Theorien besteht. Diejenigen täuschen sich selbst, die sich bemühen, auf rein mentalem Wege das abzustreifen, was relativ und vergänglich ist, und dadurch eine gewisse unsichtbare Schwelle zu überschreiten, um sich dessen bewusst zu werden, was sie von Ewigkeit her gewesen sind, und auf solche Weise ihre ‚Identität' mit dem Prinzip allen Seins verwirklichen zu können. Sie meinen, so zu einem überpersonalen und ‚namenlosen' Absoluten zurückkehren und mit ihm verschmelzen zu können, mit dem Ziel, ihre Person selbst – die sie mit der individuellen Gestalt der natürlichen Existenz verwechseln – in einem supra-rationalen Ozean aufzulösen.

Asketische Anstrengungen dieser Art haben es einigen erlaubt, sich bis zu einer supra-rationalen Kontemplation des Seins zu erheben, dabei gewisse mystische Schauer zu erleben und den Zustand der Stille des Intellekts zu erfahren, nachdem dieser die Grenzen des Raumes und der Zeit überschritten hatte. Bei Erfahrungen dieser Art vermag der Mensch die Ruhe zu empfinden, jene Stille, die durch eine Loslösung von den ständig wechselnden Phänomen der sichtbaren Welt hervorgerufen wird. Er kann auch die Freiheit des Geistes in sich entdecken und die Schönheit betrachten, die dem Intellekt zugänglich ist. Ja, er kann sogar eine gewisse Erfahrung der Ewigkeit machen.

Das äußerste in einer solchen, nicht personalen Askese Erreichbare hat viele zu dem Schluss geführt, dass das göttliche Prinzip in der Menschennatur selbst liegt und so zur Selbstvergöttlichung zu neigen, dem Ursprung des ‚Großen Falls'. Sie haben sich dazu verführen lassen, in sich eine gewisse ‚Absolutheit' wahrzunehmen, die in der Tat nichts anderes ist als ein Spiegelbild der Absolutheit Gottes in dem nach Seinem Bild geschaffenen Lebewesen. Sie spüren ein gewisses Verlangen, zu dem inneren Ruhestand zurückzugelangen, in welchem der Mensch sich angeblich vor seinem In-die-Welt-Kommen befand. Dieser Elan hin zur eigenen Wesenstiefe ist nichts anderes als eine Anziehungskraft hin zu eben dem Nichts, aus welchem der Wille des Schöpfers uns hervorgebracht hat.

Jedenfalls kann im Geist des Menschen, der durch die Erfahrung der ‚Entäußerung' hindurchgegangen ist, diese Art geistiger Abirrung auftauchen. Es ist hier nicht meine Absicht, alle Spekulationen des Verstandes, alle möglichen Formen geistiger Intuition aufzuzählen, aber ich möchte meiner eigenen Erfahrung gemäß betonen, dass in all dem der Lebendige Gott, das heißt Derjenige – ho ontôs ôn – der in Wahrheit ist, nicht zugegen ist. Es handelt sich hierbei lediglich um eine natürliche Fähigkeit des menschlichen Geistes in seiner zum Absoluten emporsteigenden Bewegung. Jede auf diesem Wege verwirklichte Kontemplation ist eine Kontemplation des Selbst und keine Schau Gottes. In diesen Zuständen entdecken wir wohl eine Schönheit, doch ist dies stets eine geschaffene Schönheit, nicht aber das Ursprüngliche Sein. Und alles das führt den Menschen nicht zum Heil.

Die wahre Befreiung beginnt, wenn man vollständig und ohne zu zweifeln die Offenbarung annimmt: „Ich bin der Ich bin" (Ex 3,14), „Ich bin Alpha und Omega, der Erste und der Letzte" (Apk 1,8). Gott ist personales Absolutum, wesensgleiche und untrennbare Trinität. Auf dieser Offenbarung ist unser ganzes Christenleben gegründet. Dieser Gott hat uns aus dem Nichts in dieses Dasein gerufen. Die Erkenntnis des Lebendigen Gottes und das Eindringen in das Mysterium der Wege Seiner Schöpfung befreien uns von der Blindheit unserer eigenen Vorstellungen in Bezug auf das Absolute (die von unten kommen). Sie retten uns von der möglicherweise unbewussten, aber deshalb nicht weniger fatalen Neigung, jegliche Existenz aufzugeben. Wir wurden mit dem Ziel geschaffen, dem göttlichen Sein zugesellt zu werden, Ihm, der wirklich ist. Christus hat uns den Weg gezeigt: „Eng ist die Pforte und schmal der Pfad, der zum Leben führt" (Mt 7,14). Und wenn wir die Tiefen der Weisheit des Schöpfers begreifen, sind wir bereit, die Leiden in Kauf zu nehmen, durch welche sich die göttliche Ewigkeit erwerben lässt. Und wenn Sein Licht uns überschattet, vereinigen wir in uns die Schau der beiden Extreme des Abgrundes: auf der einen Seite die Höllenfinsternis und auf der anderen den Triumph des Sieges. Wir sind existenziell in den Bereich des ungeschaffenen Lebens eingeführt. Die Hölle verliert ihre Herrschaft über uns. Eine Gnade ist uns gegeben: den Zustand des inkarnierten Logos zu leben, des als Sieger in die Hölle hinabsteigenden Christus. Durch die Kraft Seiner Liebe umfangen wir dann in unserem Gebet die gesamte Schöpfung:

Jesus, Allmächtiger und Guter Meister, erbarme Dich unser und Deiner Welt.

Die Offenbarung des persönlichen Gottes gibt allen Dingen diesen bewundernswerten Charakter: Das Leben ist kein kosmischer, der Vorherbestimmung unterworfener Prozess, sondern Licht der unbeschreiblichen Liebe der göttlichen und der geschaffenen Personen, freie Bewegung von personalen Geistwesen, die eine strahlende Erkenntnis alles

Seienden und ihrer selbst erfüllt. Ausserhalb dessen hat nichts einen Sinn – alles ist leblos. Aber unser Gebet wird zur lebendigen Begegnung unserer geschaffenen Person mit der göttlichen, das heißt [es wird, Anm.d.Ü.] absolut, und findet seinen Ausdruck in unserer Anrufung des Wortes, das vom Vater kommt:

Herr, Jesus Christus, Mit-ewiges Wort Deines Vaters ohne Anbeginn, erbarme Dich unser, bleibe in uns und erlöse uns und Deine Welt.

Wenn wir beginnen, die weise Absicht zu verstehen, die unser Gott und Schöpfer mit uns hat, wird unsere Liebe zu Ihm beflügelt, und wir verspüren im Gebet eine neue Inspiration. Die Meditation der Göttlichen Weisheit, die sich in der Schönheit der Welt widerspiegelt, verleiht unserem Geist einen frischen Aufschwung, der uns bereits allem Geschaffenen entrückt. Solche Exstase ist kein philosophischer Gedankenflug in den Bereich reiner Ideen, so überwältigend jene auch zu sein scheinen, noch eine künstlerische Schöpfung aus dem Gebiet der Poesie, sondern es ist die Besitzergreifung unseres ganzen Wesens durch die Energie eines uns bislang unbekannten Lebens. Die Lektüre des Evangeliums, in welchem wir den Prozess der Selbstoffenbarung Gottes wahrzunehmen beginnen, erhebt unseren Geist über alles Geschaffene hinaus. Dies bildet die Einführung in die Gnade der Theologie, nicht im Sinne einer menschlichen Wissenschaft, sondern als eines Zustandes der Kommunion mit Gott. Wir unterwerfen das Wort des Herrn nicht der Beurteilung durch unser begrenztes Verständnis, sondern wir richten uns selber im Licht der Erkenntnis, die es uns schenkt. Somit ist es dann durchaus natürlich, dass wir das Wort des Evangeliums zum Inhalt unserer gesamten Existenz machen wollen; das hilft einem, sich aus dem Griff der Leidenschaften zu befreien, und mit der Kraft Jesu unseres Gottes erringen wir den Sieg über das kosmische Böse, das sich in den Tiefen unseres Wesens eingenistet hat. Wir erkennen tatsächlich, dass Er, Jesus, im eigentlichen Sinne der alleinige Retter-Gott ist, und dass das christliche Gebet in der unaufhörlichen Anrufung Seines Namens seine Erfüllung findet:

Herr, Jesus Christus, Sohn Gottes und Gott, erbarme Dich unser und Deiner Welt.

Die gesamte Menschheit schlägt sich mit einem tragischen Problem herum, das ist, auf die große und gewichtige Frage Antwort zu finden: wo das wahre Sein zu suchen ist, und wo man sich im Gegenteil in der Gegenwart jener Trugbilder befindet, die unserer eigenen verderbten Phantasie entspringen? – Wo findet sich die lebendige Ewigkeit, und wo hat man es mit der irreführenden Faszination zu tun, welche die von unserer eigenen Intelligenz erzeugten Ideen auf unseren Geist ausüben? Ist das Prinzip der Person, der Hypostase, an sich begrenzt, und kann es infolgedessen nicht zu Gott passen noch Ihm zugeordnet werden? Oder ist dies Prinzip gerade die Seinsweise des Lebendigen Absoluten: ICH BIN DER ICH BIN? Von der Antwort, die wir auf diese Frage geben werden, hängt unsere ganze Zukunft ab. Wenn wir an dem Gedanken festhalten, dass das Prinzip der Person begrenzend ist, dann werden wir in unserem asketischen Bemühen alles tun, um es in uns selbst zu überwinden. Wenn wir es dagegen als allein mögliche Existenzweise des absoluten Seins annehmen, dann werden wir von der uns durchdringenden Kraft beschwingt beten: „Vater unser, Der Du bist in den Himmeln …", oder: „Herr, Jesus Christus, Sohn des Vaters, erbarme Dich unser, heile uns von allen Spuren der Sünde, die uns tötet, und führe uns hin zum ewigen Leben." Wenn die Unsterblichkeit, die uns durch die Auferstehung in Christus verheißen ist, personal ist, dann werden wir keinesfalls das Verlangen haben, „entkleidet, sondern überkleidet [zu] werden, damit das Sterbliche verschlungen werde vom Leben. Der uns aber dazu bereitet hat, das ist Gott, der uns als Unterpfand den Geist gegeben hat" (2 Kor 5,4-5).

Christus Jesus, auferstanden von den Toten, erbarme Dich unser.

„Wenn ihr nicht glaubt, dass ich es bin, [Derjenige, der Moses auf dem Sinai erschienen ist], werdet ihr sterben in euren Sünden" (Joh 8,24). „Abraham ... wurde froh, dass er meinen Tag sehen sollte, und er sah ihn und freute sich" (Joh 8,56). „Ich bin Abraham, Isaak und Jakob, [unter dem Namen] Gott der Allmächtige, erschienen, aber unter meinem Namen Jahwe habe ich mich ihnen nicht offenbart" (Ex 6,3; siehe Apg 7,2). „Wenn ihr Mose glaubtet, so glaubtet ihr auch mir; denn er hat von mir geschrieben" (Joh 5,46). „Und er fing an bei Mose und allen Propheten, und legte ihnen aus, was in der ganzen Schrift von ihm gesagt war" (Lk 24,27). So haben wir in unserem Zustand des spirituellen Todes den Sinn für die Sünde verloren; wir können sie jetzt – ohne Christus und die Gnade des Heiligen Geistes – gar nicht in uns sehen. Ihrem Wesen nach ist die Sünde immer ein Verstoß gegen die göttliche Liebe. Ein solcher Verstoß ist nur dann möglich, wenn ICH BIN, das heißt, wenn der absolute Gott persönlich ist und wenn unsere Beziehungen zu Ihm ebenfalls zutiefst persönlich sind. Es gibt keinen anderen Glauben oder eine sonstige Religion, wo das Mysterium der Sünde auf solche Weise geoffenbart worden wäre. So betete der Heilige Ephraim der Syrer vom Geist erfüllt: „Gewähre mir, meine eigenen Sünden zu sehen." Alle Väter haben betont, dass es etwas Größeres ist, die eigenen Sünden zu sehen, als Erscheinungen von Engeln zu haben. Wir also, die wir jetzt wissen, was vom Anbeginn der Welt verborgen war, rufen mit demütiger Rührung des Herzens:

Herr, Jesus Christus, erbarme Dich über mich Sünder und rette mich, denn ich bin gefallen.

„Groß ist ... das Geheimnis des Glaubens: [Gott] ist offenbar im Fleisch, gerechtfertigt im Geist, erschienen den Engeln, gepredigt den Heiden, geglaubt in der Welt, aufgenommen in die Herrlichkeit" (1 Tim 3,16). Wir sind alle Adams Erben, der sich durch Luzifer zum Fall verlocken ließ. Der Gedanke der Vergöttlichung gehört zu dem nach dem Bilde Gottes geschaffenen Sein. Die Frage aber besteht darin, zu wissen, auf welche Art und Weise wir dieses Ziel erreichen können, wie diese Aufgabe zu verwirklichen ist. Wenn wir geschaffene Lebewesen sind und nicht das Sein-an-Sich und ohne Ursprung, dann ist es absurd anzunehmen, dass wir ‚gottgleich' werden könnten, indem wir Ihn umgehen.

„Die Offenbarung Gottes im Fleisch": das ist die Grundlage unseres Lebens. Wenn die Hoffnung auf Vergöttlichung in unserem Innersten verwurzelt ist, dann besteht der Weg dorthin darin, dass wir uns das Leben Gottes, der sich uns in unserer Form der Existenz gezeigt hat, zu eigen machen. Ja, wir müssen uns Sein Wort, Seinen Geist wahrhaft aneignen und Ihm in unserem gesamten Lebenswandel ähnlich werden. Je mehr wir Ihm in diesem Leben ähnlich werden, desto vollständiger und vollkommener wird unsere Vergöttlichung sein. Hören wir wieder die Worte des Apostels Paulus: „Wer sich [durch das Gebet und die Kommunion] mit dem Herrn vereinigt, der ist ein Geist mit Ihm" (1 Kor 6,17); und so beten wir:

Herr, Jesus Christus, Eingeborener Sohn des Vaters, Du bist unsere einzige Hoffnung, führe uns mit Dir und durch Dich zum Vater ...

Herr, erbarme Dich meiner, des Sünders.

Ewig im Schoß der Trinität zu leben, das ist der Sinn der christlichen Berufung. Aber: „Das Himmelreich leidet Gewalt, und die Gewalttätigen reißen es an sich" (Mt 11,12). Man muss sich selbst zwingen, denn „die Pforte ist eng und der Pfad ist schmal, der zum Leben führt" (Mt 7,14). Wenn wir Christen nicht darin einwilligen, jenen zu folgen, ‚die nicht finden', weil sie nicht suchen (siehe Mt 7,8), dann entstehen unvermeidlich Konflikte: wir werden unerwünscht für die Söhne dieser Welt – das ist das Los derer, die Christus lieben. Wenn der Herr mit uns ist, sehen alle Leiden dieser Welt nicht so schrecklich aus, weil wir mit Ihm vom Tod zum Leben hinübergegangen sind. Aber wir können es nicht vermeiden, Stunden und sogar längere Zeitspannen durchstehen zu müssen, in denen wir von Gott verlassen sind: „Mein Gott, mein Gott, warum hast Du mich verlassen?" (Mt 27,46). Und wenn wir uns dazu noch von den Menschen verstoßen fühlen, dann kann unsere Verzweiflung sehr schmerzhafte Formen annehmen. So rufen wir also Den an, der Selbst durch die Prüfung hindurch gegangen ist und der folglich jenen zu Hilfe kommen kann, die geprüft werden (siehe Hebr 2,18):

Herr Jesus, wie Du Petrus gerettet hast, so stehe auch mir bei und rette mich, denn ich versinke (siehe Mt 14,30).

In der Askese des Gebets geht jeder so weit, wie seine Kräfte es ihm erlauben. Es ist nicht einfach, selber die eigenen Grenzen zu finden. Diejenigen, die vom Heiligen Geist geleitet sind, hören niemals auf, sich zu verurteilen und sich der Gnade Gottes als unwürdig zu erachten. In der Stunde aber, wenn die Verzweiflung erdrückend wird, treten sie für eine gewisse Weile vom Abgrund zurück, an dem sie im Geiste stehen, um ihren seelischen und leiblichen Kräften ein wenig Rast zu gönnen. Danach machen sie sich wieder auf, um sich von neuem am Rande des Abgrundes zu halten. Indessen empfindet der Asket sogar, wenn er sich ausruht oder während einer Phase der Stille, in der Tiefe seines Herzens ständig eine Wunde, die ihn davor bewahrt, Gedanken des Hochmuts Raum zu geben. Die asketische Demut verwurzelt sich immer tiefer in seiner Seele und wird sozusagen schließlich zu ihrer eigentlichen Substanz. Die Drangsale und die Krankheiten sind Teil unserer Pilgerreise auf Erden. Ohne sie könnte kein Adamskind sich in der Demut halten. Diejenigen aber, die in Geduld bis zum Ende ausgeharrt haben werden, sie werden als würdig erachtet werden, die Gabe der „Demut Christi" zu empfangen (siehe Mt 11,29), über die der Starez Siluan sagt, dass „sie unbeschreiblich ist", da sie einer anderen, höheren Seinsebene angehört. Der Erwerb dieser Gabe ist möglich durch das unablässige Gedenken an Christus und das Gebet, das wir an Ihn richten:

Herr, Jesus Christus, Heiliger und Erhabener Gott, lehre Du uns Selbst Deine Demut.

Höre mein Gebet und erbarme Dich über mich Sünder.

So wird unsere von der Sünde entstellte Natur allein durch das Feuer der Buße umgeschmolzen, nur durch das von Tränen begleitete Gebet werden die Wurzeln der Sünde ausgerissen, und nur durch die Anrufung des Jesusnamens wird unsere gesamte Existenz geläutert, erneuert und geheiligt: „Ihr seid schon rein, um des Wortes willen, das ich zu euch geredet habe. Bleibt in mir ..." (Joh 15,3-4; 17,17). Wie aber können wir in Ihm bleiben? Mein Name ist euch gegeben worden und in meinem Namen wird euch der Vater alles geben, worum ihr Ihn bitten werdet: „Was ihr den Vater in meinem Namen bitten werdet, das wird Er euch geben" (Joh 15,16).

Herr, Jesus Christus, allein wahrhaftig ohne Sünde, erbarme Dich meiner, der ich ein Sünder bin.

Unsere Väter unterweisen uns, im Namen Jesu zu beten, ohne den Wortlaut des Gebets häufig zu ändern. Andererseits ist uns gerade das von Zeit zu Zeit unentbehrlich, um unsere Aufmerksamkeit zu erneuern, aber auch um unser Gebet zu intensivieren, wenn sich unser Intellekt zu theologischer Kontemplation erhebt oder unser Herz sich weitet, um die gesamte Welt zu umfangen. Dies erlaubt uns, jedes innere oder äußere Ereignis dem Namen Jesu zu unterstellen. Und so umfasst dieses wunderbare Gebet alles und wird universal.

BIOGRAPHISCHE NOTIZ

Archimandrit Sofronij wurde am 22. September 1896 in Moskau geboren. Von jungen Jahren an interessierte er sich für die Malerei und erhielt später seine Ausbildung an der Staatlichen Kunsthochschule. 1921 verließ er die damalige Sowjetunion und kam 1922 nach Paris. Seine Gemälde stellte er im ‚Salon d'Automne' und im ‚Salon des Tuileries' aus. 1924 ließ er sich im dortigen Institut für Orthodoxe Theologie einschreiben, ging aber 1925 zum Berg Athos, wo man ihn im St. Panteleimon-Kloster als Mönch aufnahm. Ab 1930 befand er sich im engen Kontakt mit Starez Siluan, bis zu dessen Hinscheiden am 24. September 1938. 1939 zog er sich als Einsiedler in die Einöde zurück, von wo aus er 1941 zum geistlichen Vater für mehrere Großklöster wurde und zur selben Zeit die Priesterweihe empfing. 1947 kehrte er nach Frankreich zurück, um die Schriften seines Starez zu veröffentlichen. Die erste Auflage erschien 1948 in vervielfältigter Form. 1959 zog er nach England, wo er eine Monastische Kommunität gründete, die er bis zu seinem Tode im Jahre 1993 als geistlicher Vater leitete.

BIBLIOGRAPHIE

‚Starez Siluan, Mönch vom Berg Athos' (russ.)
Paris, 1948 und 1952
Deutsche Übersetzung (Benzinger/vordem: Patmos)

‚St. Silouan de l'Athos' von Jean-Claude Larchet
Paris 2001, Edition Cerf

‚Die Grundlagen der Orthodoxen Askese'
In: Messager de l'Exarchat du Patriarche russe en Europe Occidental,
Paris 1954, nos 17 und 18

‚Von der Verklärung Christi auf dem Berge Thabor'
In: Messager de l'Exarchat du Patriarche russe en Europe Occidental,
Paris 1954, no 19

‚Von der Einheit der Kirche im Bilde der Heiligen Dreieinigkeit'
In: Revue Contacts, Paris 1958, nos 20, 21, 23, und 24

‚Von der Notwendigkeit der drei Entsagungen'
bei St. Johannes Kassian und St. Johannes Klimakos
In: Studia Patristica, Bd. V, Berlin 1962, Akademie Verlag

‚Aufrichtige Erzählungen eines Russischen Pilgers'
Freiburg 1993, Herder Spektrum

STICHWORTVERZEICHNIS

Epiklese	Herabrufung des Hl. Geistes zur Verwandlung von Brot und Wein in Seinen Leib
Hypostase	Ur-Bild des Menschen, des ersten perfekten Adam vor dem Sündenfall
Inkarnation	Menschwerdung Christi
Intellekt	Geist, Herz, Verstand, Gemüt, spirituelle Einsicht, Seele
Persona	siehe Hypostase

NACHWORT DES ÜBERSETZERS

Zuerst las ich das Buch. Ich war Feuer und Flamme. Es schien anfangs intellektuell leicht verständlich, und ich hatte unmittelbar den Wunsch, diesen Schatz mit anderen Menschen zu teilen. Das war vor 10 Jahren (1993). So machte ich Vater Sofronij den Vorschlag einer Übersetzung ins Deutsche und bat ihn um seinen Segen. Damals lächelte er wohlwissend und muss wohl gedacht haben ‚armer Klaus, du weisst nicht, was du da vorhast'. Heute, 10 Jahre später, verstehe ich, weshalb er so reagierte.

Mit der spirituellen Erfahrung eines Kindes ein solches Werk zu übersetzen, ist etwa so, als ob ein Primarschüler die Relativitätstheorie Einsteins kommentieren müsste. Man möge also gegenüber meiner sprachlichen und spirituellen Hilflosigkeit nachsichtig sein; der Wunsch, den geistigen Reichtum dieses Werkes dem deutschsprachigen Leser zugänglich zu machen, war stärker, als die Furcht vor meiner Unzulänglichkeit.

So bestand ich damals dennoch auf den Segen von Vater Sofronij, ohne den mir so ein Unterfangen nicht möglich gewesen wäre – und nach einigem Zögern erteilte er ihn mir.

Aber da kam Hilfe ‚von oben' in Form eines Mönches, der mir durch seine Erfahrung in Geist und Sprache eine große Hilfe wurde: Einer der Mönche der Kommunität hatte sich bereits teilweise ans Werk gemacht und überließ mir – Gott (und ihm) sei Dank – seine Manuskripte. Von ganzem Herzen danke ich auch Frau Magdalena Meyer-Dettum für ihre wertvolle Nacharbeit bei der Korrektur in Ausdruck und Stil.

So möge es dem Leser gehen wie mir beim Übersetzen: es ist eine Reise vom Kopf ins Herz, und wer sich auf die Lektüre einlässt, möge am Ende nicht nur intellektuell bereichert sein, sondern als ‚neue Person' Christus um so stärker in sich aufgenommen haben, eben: Christi

Leben zu Seinem haben werden lassen, damit auch er am Ende sagen kann: ‚Sein Leben ist mein'.

Herr Jesus Christus, Sohn Gottes, hab Erbarmen mit mir Sünder.

In der Nacht vom 24. auf den 25. Dez. 2002 zu Ende gebracht im Kloster St. John the Baptist, Maldon, Essex, England.